美文话格言

立志

LI

ZHI

朱平锋 编著

吉林出版集团股份有限公司

图书在版编目（ＣＩＰ）数据

名家美文话格言．立志 ／ 朱平锋编著．—— 长春 ：
吉林出版集团股份有限公司，2013.10
ISBN 978-7-5534-3069-0

Ⅰ．①名… Ⅱ．①朱… Ⅲ．①汉语－格言－青年读物
②汉语－格言－少年读物 Ⅳ．①H136.3-49

中国版本图书馆 CIP 数据核字（2013）第 224324 号

《名家美文话格言》编委会

主　　任：金开诚　王立人
副 主 任：陈尧明　华瑞兴
主　　编：金开诚　陶伯华
编写人员：陶伯华　华瑞兴　肖复新　朱平锋　吴建有　冯树洋

立 志

编　　著：朱平锋　　　　选题策划：曹　恒
责任编辑：息　望　付　乐　　责任校对：赵　萍
封面设计：卢　婷　　　　插　　图：李　亮
出版发行：吉林出版集团股份有限公司
印刷：河北锐文印刷有限公司
版次：2014 年 1 月第 1 版　　印次：2018 年 5 月第 2 次印刷
开本：787mm×1092mm 1/16　印张：12.5 字数：150 千
书号：ISBN 978-7-5534-3069-0 定价：40.90 元
社址：长春市人民大街 4646 号　邮编：130021
电话：0431-88029877　传真：0431-85618721
电子邮箱：tuzi8818@126.com

我历来认为，对中华传统文化的考证与评估虽然重要，但毕竟只是手段，"古为今用"，为中华民族的团结和振兴发挥积极有益的精神作用，才是目的。这就好比祖宗留下了丰厚的遗产，固然首先要加以清理，但清理只是为了更好地使用；不但要用好，还要尽可能把它"盘活"，使之在现实中生发和增值。惟其如此，也才能使优秀传统文化更加贴近广大群众，尤其是贴近青少年而利于久远的流传与弘扬。我们编撰这套《名家美文话格言》，就是想在优秀传统文化的古为今用与传承弘扬上做一点尝试与探索。

中华文化源远流长，古籍文献浩如大海，而警句格言则是经过历史反复筛选与提炼的思想瑰宝，由此了解中华传统文化，入门容易，且可深窥诸子百家思想之精华。现在，各种中外名人名言选本已出版不少，并受到广大读者的欢迎。我们这套丛书具有与众不同的编撰特点：

一是尽可能显示分散的警句格言之间的内在联系。现在编成的六个分册，前三个分册中，《明道》揭示的是中华文化的核心范畴，《尚德》展示的是中华文化的主导价值，《智慧》显现的是中华文化的基本特征，道、德、智正是中华优秀传统文化的三大构成要素。后三个分册中，《立志》为成事之首，《劝学》是成才之基，《践行》是成功之本，志、学、行正是人生不可缺一的三大构成环节。当前我们正在构建社会主义和谐社会的核心价值体系，这一价值体系的建设离不开对传统文化的深刻理解与传承弘扬。全面把握道、德、智这中华优秀传统文化的三

总序

大构成要素与志、学、行这人生成长的三大构成环节，将有助于我们去建设社会主义和谐社会，并为构建中华民族共有的精神家园添砖加瓦。

二是充分揭示这些古老格言的现实警世与启迪意义。传统文化，只有取其精华，引申诠释，使之与当代社会相适应、与现代文明相协调，才能既保持民族性，又体现时代性，彰显历史智慧的现实生命力。为此，我们在讲解中既介绍每条格言产生的历史文化背景，又联系现实的国情、世情、人情，阐述它的警世意义及对人生的启迪作用。例如老子、庄子"道法自然"的思想就蕴涵了极其深刻的生态智慧，对化解全球性生态危机具有现实警世意义。孔子、孟子讲的"仁者爱人""舍生取义""富贵不能淫，贫贱不能移，威武不能屈"等名言，对我们抵制社会上的不正之风，弘扬"八荣八耻"的社会主义荣辱观仍有激励作用。《立志》《劝学》《践行》中所选编的那些警世格言，对青少年健康成长更有直接的启示意义。

三是力求图文并茂、深入浅出。对每一条警句格言中的疑难文字，我们都作出明确的注释，并将古文翻译成白话文。在阐述讲解时，尽可能引用相应的历史典故与现代案例，同时配以精美的插图，以适应"读图时代"广大读者的需要。各个分册，按照所编格言的不同内涵特色，或突出哲理，或重在叙事，或夹叙夹议。其中相当一部分千字文，可以作为语文中考、高考的参考范文。

在编撰本丛书的过程中，我们深深感到中华文化博大精深，诸子格言内涵丰富，限于我们的认识水平，对它们的理解与诠释是不可能毕其功于一役的。对于书中的错误和不足之处，尚望读者朋友给予批评指正。

金开诚

2008 年 3 月

立志为百事之首

　　立志，就是立下志愿，树定志向。

　　我国的传统文化向来就十分重视立志，认为立志在人的一生中具有重大的作用。孔子说："三军可夺帅也，匹夫不可夺志也"，鼓励学生"志于学""志于仁""志于道"。以后，鼓励立志便成为我国古代的一项优秀传统。王阳明写道："志不立，天下无可成之事"，认为凡能成就大事的人，没有一个不胸怀大志。苏轼写道："古之立大事者，不惟有超世之才，亦必有坚忍不拔之志"，认为立志在一个人成大事的过程中起着不可缺少的作用。王夫之甚至认为，立志与否是人区别于动物的本质特征："人所以异于禽兽，惟志而已矣"。可以看出，古人认为在人的所有品质中再也没有比立志更基本、更重要的了。人为何而活？并非是为了失败，并非是为庸碌，而是为了事业，为了作为，为了成功，为此，就必须要有志。所以，立志是百事之首。

　　古人不仅认为立志重要，而且还提出立什么样的"志"最好。《孟子•告子下》中有"人皆可以为尧舜"的说法，既道出了每个人都可以通过努力达到很高的境界，也从一个侧面说明了每个人应该具有的目标。宋代的政治家范仲淹因立下了"先天下之忧而忧，后天下之乐而乐"的抱负而为后人称颂。林则徐写道，"苟利国家生死以，岂因祸福避趋之"，并以身践行，成为民族英雄，这些家国大志是每个人都应向往的崇高目标。而对于每个人来讲，首先要做的是"不为贱易志"。现在在一些人的心目中已经出现了庸俗化的立志倾向，把我们通常所说的"志"扭曲为无法填满的"欲"，如权欲、物欲、色欲等。在经济全球化、世界多元化的情况下，有的人要当官，有的人想成为明星，有的人要做老板，这些都是志，无可非议，但必须要注意的是，无论是大志或小志，都要以德为本。江泽民同志说："共产党人要立志做大事，不要立志当大官。"志向的高远是以崇高的道德情操为基础的。没有高尚的道德情操，也就不可能有高远之志。要提倡为人民服务，为社会服务，为国家服务，为全人类服务，要提倡立下正确的志向。

　　立志应重实效。"有志者立长志，无志者常立志。"人要有志，而且要有大志，但是要从实际出发，步步为营走向成功。"风声雨声读书声声声入耳；家事国事天下事事事关心"，东林书院的著名对联道出了"天下兴亡，匹夫有责"的真谛。每个人都贡献自己的力量，天下的面貌就会改变。

志是一种追求，能否真正实现，关键还在于行。立了志，不去行，那就等于没有立志，"志"再好也是水中月、镜中花。越是宏伟的志向，它所遇到的障碍就会越大，因此"行"的关键在于有坚韧不拔的毅力。既立高远之志，就必须面对来自各个方面、各种各样的严峻考验，有时甚至是生死抉择。王勃在《滕王阁序》中写道："老当益壮，宁移白首之心；穷且益坚，不坠青云之志。"只要信念坚定，百折不挠，就一定能够经受住任何考验，使自己的境界不断升华，胜利达到自己的目标。

朱平锋
2008 年 3 月

志 为 帅

非淡泊无以明志，非宁静无以致远 ……………………2

夫志，气之帅也 ……………………………………5

功崇惟志，业广惟勤 ……………………………8

老骥伏枥，志在千里 ……………………………11

命为志存 ……………………………………………14

人惟患无志，有志无有不成者 ……………………17

人无志，非人也 ……………………………………20

太上有立德，其次有立功，其次有立言 ……………23

有志不在年高，无志空长百岁 ……………………26

有志者，事竟成 ……………………………………29

丈夫所志在经国，期使四海皆衽席 ………………32

志于道，据于德，依于仁，游于艺 ………………35

志 须 正

不为穷变节，不为贱易志 …………………………40

当理不避其难，临患忘利，遗生行义，视死如归 ……43

古之人，得志泽加于民，不得志修身见于世 ………46

恢弘志士之气，不宜妄自菲薄 ……………………49

男儿铁石志，总是报国心 …………………………52

身可危也，而志不可夺也 …………………………55

士志于道，而耻恶衣恶食者，未足与议也 ············· 58

心随朗日高，志与秋霜洁 ····················· 61

义之所在，身虽死，无憾悔 ··················· 64

有志于道德，功名不足论也 ··················· 67

志不真则心不热，心不热则功不紧 ············· 70

志士不忘在沟壑，勇士不忘丧其元 ············· 73

治天下者，必先立其志 ····················· 77

志 须 远

不鸣则已，一鸣惊人 ······················· 82

虎豹之驹，未成文而有食牛之气 ··············· 85

会当凌绝顶，一览众山小 ···················· 89

器大者声必闳，志高者意必远 ················· 92

人皆可以为尧舜 ··························· 95

如欲平治天下，当今之世，舍我其谁 ··········· 98

泰山不让土壤，故能成其大；河海不择细流，故能就其深 ·101

燕雀安知鸿鹄之志 ························ 104

愿乘长风，破万里浪 ······················ 107

丈夫志四海，万里犹比邻 ··················· 110

志大则才大，事业大 ······················ 113

志行万里者，不中道而辍足；图四海者，非怀细以害大 ···116

志 须 坚

处逸乐而欲不放，居贫苦而志不倦 ……………… 120
登山不以艰险而止，则必臻乎峻岭 ……………… 123
古之立大事者，不惟有超世之才，亦必有坚忍不拔之志 … 126
穷且益坚，不坠青云之志 ………………………… 129
三军可夺帅也，匹夫不可夺志也 ………………… 132
我自横刀向天笑，去留肝胆两昆仑 ……………… 135
刑天舞干戚，猛志固常在 ………………………… 138
性痴则志凝 ………………………………………… 140
宜守不移之志，以成可大之功 …………………… 143
丈夫为志，穷当益坚，老当益壮 ………………… 146
志不强者智不达 …………………………………… 149
众少成多，积小致巨 ……………………………… 152

志 须 励

不可以一时之失意，而自坠其志 ………………… 156
故天将降大任于斯人也，必先苦其心志，劳其筋骨 …… 159
君子不恤年之将衰，而忧志之有倦 ……………… 161
君子之志于道也，不成章不达 …………………… 164
靡不有初，鲜克有终 ……………………………… 167
士不可以不弘毅，任重而道远 …………………… 170

目 录

天生我材必有用 ·································173

髻发厉志，白首不衰 ·······················176

一息尚存，此志不容稍懈 ···············179

志之难也，不在胜人，在自胜 ·········182

纵横计不就，慷慨志犹存 ···············185

附赠中外名人名言 ·························189

志为帅

立志为百事之首，要让自己的一生不虚度，立下志向是首先要做的事情。

非淡泊无以明志，
非宁静无以致远

非淡泊①无以明志，非宁静无以致远。
——诸葛亮：《诫子书》

> 注　①淡泊：对于名利淡漠，不看重。

●●● 释义 ●●●

不恬淡寡欲就不能确立远大的志向，不排除杂念就无法深谋远虑。

"夫君子之行，静以修身，俭以养德。非淡泊无以明志，非宁静无以致远"，这是诸葛亮54岁时写给他8岁儿子诸葛瞻的《诫子书》中的话。这既是诸葛亮一生经历的总结，更是对他儿子的要求。在这里诸葛亮用的是"双重否定"的句式，以强烈而委婉的语气表现了他对儿子的教诲与无限的期望。不把眼前的名利看得轻淡，就不会有明确的志向；不能平静安详全神贯注地学习，就不能实现远大的目标。现在的"淡泊""宁静"求清净，不是不想有什么作为，而是要通过学习"明志"，树立远大的志向，待时机成熟就可以"致远"，轰轰烈烈干一番事业。

　　"淡泊"是一种古老的道家思想，《老子》就曾说"恬淡为上，胜而不美"。后世一直继承与赞赏这种"心神恬适"的意境，如白居易在《问秋光》一诗中写的"身心转恬泰，烟景弥淡泊"，反映了他心无杂念，凝神安适，不

相关链接：少年立志要远大，持身要紧严。立志不高，则溺于流俗；持身不严，则入于匪辟。——张履祥：《初学备忘·上》

限于眼前得失的那种长远而宽阔的境界。

"淡泊""宁静"，并非是要人们远离社会远离生活，到深山老林去隐居。在红尘纷扰的大千世界中，更需有一颗淡泊自然的平常心，努力工作，对社会作出积极的奉献而不被物欲所累，从行为上做到返璞归真，回归科学自然、简朴宁静的生活方式。

淡泊是傲岸，淡泊也蕴涵着平和，淡看名利，淡看世俗，无欲无求，也无所羁绊。正因为心中无尘杂，志向才能明晰和坚定，不会被贪念所侵蚀，也不会被虚荣所蒙蔽。宁静则是心灵的洁净，是一种禅意。心中宁静，就不会困于喧嚣的市井，不会被流言飞语扰乱心智。心中宁静，意味着能静下心来思考，人因思考而得到灵魂的自由和永恒。

淡泊不是弃世，宁静也不是慵懒。"淡泊""宁静"可以说是"明志""致远"的必要条件，而"明志""致远"则是"淡泊""宁静"的最终目标。诸葛亮在《诫子书》中强调："学须静也，才须学也；非学无以广才，非志无以成学。"就是说，立志于学、静心求学是手段和过程；养成学问、增长才干才是目的。我国几千年的历史中，学者作为内在道德的致用与出世的宗教家所讲究的修养之不同，就在于其强烈的入世精神。诸葛亮也不例外。《诫子书》所谈之养心修身学问是有明确的终极指向的，那就是"济世"——为世所用，有用于世，就是对国家、对社会有所益处。这就是诸葛亮的"宁静""致远"的指向。

诸葛亮本是一介布衣，"躬耕于南阳，苟全性命于乱世，不求闻达于诸侯"，可谓"淡泊"而"宁静"，然而其心忧国家，有澄清天下之志，并为此做出了不懈的努力，让雄才大略的刘备生出"犹鱼之有水"之感。最终诸葛亮选择了入世，他出仕后助刘备联孙吴对抗曹操，火烧赤壁，得荆州，最后入蜀三分天下而成就帝业；辅佐刘禅殚精竭虑，运筹帷幄，开疆拓土，富国强兵，鞠躬尽瘁，死而后已。由此，我们不难看出诸葛亮一生对"致远"的执著。

"非淡泊无以明志，非宁静无以致远"，既说出了"淡泊""宁静"的持志之道，又道出了"明志""致远"的终极目标。诸葛亮作为一位中国历史上出色的人物，言传身教，惠及后人，显示了完美的人格力量，也是我们立志、持志的典范。

夫志，气之帅也

夫志，气之帅①也；气，体之充也。夫志至焉，气次焉。

——《孟子·公孙丑上》

注 ①帅：指起主导作用的事物。

••••• 释义 •••••

志是气的统帅，气充满于人的全身。志指向哪里，气也随着到哪里。

"夫志，气之帅也；气，体之充也。夫志至焉，气次焉。"志是气的统帅，气充满于人的全身。志指向哪里，气也随着到哪里。孟子的这句话说明了志向在一个人物理身躯中的作用，进而对一个人志向在生活中的作用进行了扩展。中国传统文化中对身体中的气有深厚的研究，认为气是一个人活跃的动力。孟子认为，有了志向一个人才能够体气充盈，才能够有强大的动力去完成自己想做的事情，志先到，气即至，进一步来看，就是一个人有了志向才能够有前进的动力。

我国历史上有很多人，身虽残而志却坚，由于志坚则体气充实，发挥了比正常人更大的能量，完成了绝大部分正常人都完成不了的事情。

西汉著名史学家、文学家司马迁 10 岁开始学习古文书传。后来他继承了父亲的职位，任太史令，掌管天文历法及皇家图籍，因而

得以遍读史馆所藏图书。公元前104年，他参与制定《太初历》，以代替由秦沿袭下来的《颛顼历》，新历适应了当时社会的需要。此后，司马迁开始撰写《史记》。公元前99年，正当司马迁全力撰写《史记》的时候，却遇上了飞来横祸。这年汉武帝派将军李广利领兵讨伐匈奴，李陵随从李广利押运辎重。后来李陵5000兵马被匈奴以8万骑兵围攻，在斩杀了1万多匈奴兵后，由于得不到主力部队的后援，结果不幸被俘。李陵兵败投降的消息传到长安后，汉武帝愤怒万分，满朝文武纷纷附和汉武帝，指责李陵的罪过。汉武帝问太史令司马迁的看法，司马迁认为李陵投降系救兵不至、弹尽粮绝、走投无路，不得已而为之。李陵自己虽然失败，而他杀伤匈奴兵很多。他之所以不死而降，一定是想寻找适当的机会再报答汉室。司马迁的直言触怒了汉武帝，汉武帝认为他是在为李陵辩护，讽刺战败而归的李广利，于是下令将司马迁打入大牢。

司马迁在牢中被判了死刑。据汉朝的刑法，死刑有两种减免办法：一是拿50万钱赎罪，二是受"腐刑"。司马迁家贫，拿不出这么多钱赎罪。而腐刑既残酷地摧残人体，也极大地侮辱人格。司马迁当然不愿忍受这样的刑罚，他甚至想到了自杀。但是，他又想到，人总有一死，但死的轻重意义不同。如果就这样"伏法而死"，是毫无价值的，而如孔子、屈原和孙膑等人，虽然他们也受到过屈辱，但对比其所取得的骄人成果，屈辱就不算什么了。他想到了自己的信念，就是一定要活下去，一定要把《史记》写完，顿时他觉得自己浑身充满了力气，毅然选择了腐刑。"是以肠一日而九回，居则忽忽若有所亡，出则不知所往。每念斯耻，汗未尝不发背沾衣也。"面对最残酷的刑罚，司马迁痛苦到了极点，但此时他却充满了活下去的勇气与动力。正因为还没有完成《史记》，他才忍辱负重地活了下来。

司马迁出狱后继续发愤著书，终于完成了《史记》的撰写。《史记》是我国第一部纪传体通史，对后世史学影响深远，《史记》语言生动，形象鲜明，也是优秀的文学作品。司马迁创作了名震古今、流传中外的史学巨著，自己也成为伟大的史学家和文学家被人们永久地纪念。这些都是因为他以志为气帅，发奋写作，不懈努力的结果。

可以看出，有了目标和信念，人就能够战胜身体的残缺和精神的痛苦，并通过自己的努力取得巨大的成就。

相关链接：鹰击天风壮，鹏飞海浪春。——司马光《之美举进士寓京师范此诗寄之》

功崇惟志，业广惟勤

功崇①**惟**②**志，业广惟勤。**

——《尚书·周书·周官》

> **注** ①崇：高。
> ②惟：由于。

••••• 释义 •••••

功高是因为有志向，业大是因为勤奋。

《尚书》是中国上古历史文献和部分追述古代事迹著作的汇编。全书分《虞书》《夏书》《商书》《周书》四部分，共 58 篇。周成王安抚诸国，他巡视天下后对群臣进行训诫，说明周朝设官职、用人才的法则。"功崇惟志，业广惟勤"这句话指出了立志是成功的必要条件，立志后勤奋努力则可以成大业。

我国古代的封建王朝虽然是君主专制制度，但还是有许多的帝王能够做到勤政。从根本上来讲，帝王的施政是为了维护自己的统治，但是他们的行动也从很大程度上推动了历史的进步与维护了国家的统一。

清王朝的康熙皇帝是一位有名的勤政而有为的皇帝。康熙知道自己"生无异灵"，不过是因皇子而即皇位，他少年大志要做出一番事业，也的确身体力行，为国家的发展作出了重大的贡献。

康熙统治初期，南方有"三藩"割据，西北经常发生准噶尔上层贵族分子的叛乱活动，东南台湾尚未回归祖国怀抱。为了维护多民族国家统一，康熙决定先除"三藩"。"三藩"就是指吴三桂、耿精忠、尚可喜，他们拥重兵于一方，威胁国家统一。

1673年，康熙下达了撤藩令，他以湖南为主要战场，以东、西两线夹攻，把叛军完全分割开。战略上，康熙采取"剿抚并用"的政策，分化瓦

相关链接：欲安其家，必先安于国。——武则天

相关链接：少年负壮气，奋烈自有时。——李白

解敌军。1676 年，耿精忠投降；1677 年，尚之信投降，叛军解体。在平叛紧急的时刻，康熙于 1678 年开"博学鸿儒科"取仕，以此拉拢汉族地方知识分子合作。第二年又下令撰修《明史》，表示他继华夏文化之正统的决心。这些措施都稳固了后方的局势。1681 年，延续 8 年的"三藩之乱"被彻底平定。

"三藩之乱"平定以后，收复台湾便提到日程上来。郑成功死后，台湾郑氏集团已经完全腐败，堕落成为割据一方的傀儡政权。它的存在，已经严重地影响了国家的统一。1683 年，康熙派施琅率战船 300 艘，水师 3 万人，自福州出海进军台湾。经过 7 天激烈的战斗，清军首先攻占了澎湖，又于鹿耳门登陆，郑氏政权只好投降。康熙采用施琅的建议，1684 年在台湾设立一府三县进行管辖，台湾的开发也进入了历史新时期。

1688 年，以前对清朝保持臣属关系的蒙古族准噶尔部封建领主噶尔丹破坏民族团结，发动叛乱。在沙俄的策应下，他率叛军大举南下，气焰十分嚣张，喀尔喀蒙古各部牧地很快被占领。康熙亲自率领清兵，3 次亲征噶尔丹，平定了长达 13 年的噶尔丹之乱。此后，清政府对西北边疆实行了有效的管理。

为了反抗沙俄侵略者对我国东北边疆的骚扰，1685 年康熙派兵收复了雅克萨城，沙俄侵略军头子托布尔津率众投降。第二年，托布尔津背信弃义再次进攻雅克萨，康熙指示严厉教训沙俄侵略军。激战中，托布尔津被击毙，沙俄侵略者不得不同意和谈。1689 年，康熙亲自拟定谈判原则，在清朝作出某些让步的情况下，中俄双方签订了《尼布楚条约》，从而划定了中俄东段的边界，遏制了沙俄向我国的侵略扩张。

康熙除了在维护多民族国家统一和国家主权上作出贡献外，还十分重视兴修水利，治理河患。他不辞辛苦 6 次视察黄河，多次视察永定河及其他河流，亲自考察河患程度，向臣下讲授治理方法，注意抓治理成效。每年用在治河上的经费高达 300 万两白银，这在封建社会里是少见的现象。

康熙一生勤于政务，事必躬亲，他为促进多民族统一，发展封建经济文化，作出了许多贡献。

树立了远大的志向，就要勤奋努力去做，这样目标才有实现的可能性。

老骥伏枥，志在千里

老骥①伏枥②，志在千里；烈士③暮年，壮心不已。

——曹操：《步出夏门行·龟虽寿》

> **注** ①骥：良马、好马。
> ②枥：马槽，养马的地方。
> ③烈士：有抱负、志向高远的男子。

●●●● 释义 ●●●●

千里马卧在马棚里，却仍在向往千里的奔驰；英雄虽然已经到了晚年，壮志雄心却并不衰减。

"老骥伏枥，志在千里；烈士暮年，壮心不已"，这两句诗阐发了作者曹操的生活态度，表达了曹操老当益壮，锐意进取的精神面貌。作为千古传诵的名句，其笔力遒劲，韵律沉雄，蕴含着一股自强不息的豪迈气概。

曹操，字孟德，小名阿瞒，沛国谯郡（今安徽省亳州市）人。在我国四大名著之一的《三国演义》中，曹操被描绘成了一代奸雄的形象，但是在历史上，曹操是我国东汉末年杰出的政治家、军事家和诗人。在政治方面，曹操消灭了北方的众多割据势力，恢复了中国北方的统一，并实行一系列政策恢复经济生产和社会秩序。文化方面，在曹操父子的推动下形成了以曹氏父子（曹操、曹丕、曹植）为代表的建安文学，史称"建安风骨"，在文学史上留下了光辉的一笔。

汉献帝建安十二年（207年）五月，曹操在官渡之
战中，以少胜多，大败袁绍。曹军从此军威大振，如日中
天，曹操也更加雄心勃勃。这年七月，曹操胸怀统一北方之
志，统领大军出卢龙寨，日夜抄道疾进，远征乌桓。大军一到柳城，即
大败乌桓骑兵，杀死了单于蹋顿。袁绍的儿子袁尚、袁熙从柳城逃命到
平州的公孙康那里。曹操手下的大将知道了这件事后，劝曹操乘胜出击，
拿下平州，剿灭袁氏兄弟。曹操深知公孙康与袁尚、袁熙不和，如果急
着去进攻平州，那么他们肯定会合伙拼死抵抗；而如果再等一段时间，
他们则一定会自相残杀。于是，他不听众大将的建议，下令收兵。果然
过了没几天，公孙康就把袁氏兄弟的头颅送了过来。这样，曹操北征乌

名家美文话格言

相关链接：秋风不用吹华白，沧海横流要此身。——元好问：《壬辰十二月车驾东狩后即事》

012

桓、统一北方的大业就完成了。

中秋刚过，曹操下令班师回朝。大军经过十多天的艰难跋涉，来到了河北昌黎。这里东临碣石，西邻沧海。曹操屹立在山巅，眺望一望无际的大海。这时夕阳西下，碧海闪耀着金光；远处的岛屿若隐若现，近处的海浪不断翻涌……

看到如此壮丽的景色，曹操不禁诗兴大发，脱口吟道："东临碣石，以观沧海。水何澹澹，山岛竦峙。树木丛生，百草丰茂。秋风萧瑟，洪波涌起。日月之行，若出其中。星汉灿烂，若出其里。"

返回军营之后，曹操仍心潮澎湃，久久不能平静。他想：北方的袁绍、蹋顿虽然已被讨平，但是南方的孙权政权、刘备政权却仍然各雄踞一方。国家的统一大业尚未实现。这时的曹操已是 53 岁的人了，在古代已经属于老年人了，但是想到历史的重任肩负在身，统一国家的大业仍在召唤着他，想着想着便激情难耐，豪情再起，于是他大踏步跨至案前，挥笔继续写下："神龟虽寿，犹有竟时。腾蛇乘雾，终为土灰。老骥伏枥，志在千里。烈士暮年，壮心不已。盈缩之期，不但在天；养怡之福，可得永年。幸甚至哉，歌以咏志。"可以说，诗中"老骥伏枥"四个字真实地抒发了曹操想改变现实，统一中国的豪情壮志，这种壮志应该被后世所景仰与学习。在我们现实的生活中，"老骥伏枥，志在千里"这句话也经常被许多老年人作为座右铭悬挂在墙上，充分体现了这些老人不服老，坚持发挥余热的精神。

相关链接：男儿不展风云志，空负天生八尺躯。——冯梦龙

相关链接：盖学莫先于立志。——朱熹：《论语集注·述而注》

命为志存

命①为志存。

——《朱子语类》

注　①命：生命。

●●● 释义 ●●●

生命是为志向而存在的。

　　朱熹是中国南宋时期最著名的理学家，又是继孔子之后最伟大的封建教育家。他的哲学思想和教育思想对中国封建社会后期的政治和文化都有着极大的影响。朱熹的这句"命为志存"，强调"志"的重要性，认为"志"是生命存在的目的。仔细斟酌这句话，我们会发现，在历史的长河中，的的确确有非常多的人将追求志向放到了比生命更重要的地位。为了自己的理想，他们可以放弃自己的生命；失去了理想，他们就感觉生命失去了意义。为了志向而努力奋斗使他们大多都取得了巨大的成就，也有许多人为了志向而最终牺牲了自己的生命。

　　"命为志存"，在中国几千年历史里，人们不断抵御外强的过程中得到了深刻的体现。众多的爱国英雄，即使放弃生命，也不愿向敌人投降，不愿放弃自己为之努力的志向，其中就包括了明末著名的爱国英雄史可法。

史可法，字宪之，河南祥符（今开封）人，自幼好学，应考顺天府试，中第一名秀才。崇祯元年（1628年）四月中进士，六月任陕西省西安府推官，因其公正廉洁，在朝廷中赢得了极好的声誉。

明末清初，多尔衮进入北京后不久，搞清楚了南明的形势，知道史可法是唯一可令他忧虑的人，就派副将唐起龙招抚江南，致书给史可法招降。这封著名的书信由投降清军的复社成员李雯起草。在回复多尔衮让他背叛明朝的问题时，史可法的态度非常坚决，"可法北望陵庙，无涕可挥，身陷大戮，罪应万死。所以不即从先帝者，实为社稷之故也"，"法处今日，鞠躬致命，克尽臣节，所以报也"，语气铿锵有力，给人留下了深刻的印象，也成为流传于后世的千古名篇。

相关链接：志不立，如无舵之舟，无衔之马，漂荡奔逸，终亦何所底乎？——王阳明：《教条示龙场诸生》

1645 年 4 月 17 日，豫亲王多铎大军逼近扬州，此时史可法刚刚从南京渡江回到江北，清军进至距离扬州 20 里处下营，次日兵临城下。史可法发出紧急檄文，要求各镇将领集中到扬州守卫。但是过了几天，竟没有一个发兵来救。史可法知道，只有依靠扬州军民，孤军奋战了。此刻扬州城里兵力相当薄弱。大军兵临城下，后果不难预料。这时候的史可法已坚定了以身殉国的志愿，他在给妻子的遗嘱中写道："法死矣。前与夫人有定约，当于泉下相候也。"

史可法非常想在一个繁荣的国家施展自己的抱负，但是此时，他对时局看得非常清楚，他知道无论是他个人，还是他所尊崇的南明朝廷，都将要遭到灭顶之灾。正是在这种背景下，史可法准备为自己的志向而抛弃生命。由此他也成为中国历史上最著名的爱国英雄之一。

史书中记载，最后"多铎集巨炮猛轰城西北隅，城破。清军垒尸为梯，蜂拥攀缘入城。史可法被俘，不屈而死"。史可法终于实践了自己的信念。

人惟患无志，
有志无有不成者

人惟患^①无志，有志无有不成者。

——《陆九渊集·卷三十五·语录下》

●●●● 释义 ●●●●

人唯一需要担心的就是没有志向，有了志向就没有什么事情做不成功。

陆九渊，号象山先生，字子静，南宋著名哲学家、教育家，抚州金溪人，与当时著名的理学家朱熹齐名，史称"朱陆"。"人惟患无志，有志无有不成者"是陆九渊劝勉门人的话。一个人，如果面对困难失去了志向，那就是一件非常可怕的事情，一旦确立了志向并为之努力，再难以达到的目标也可以实现。

《西游记》的故事大家耳熟能详，其中的唐僧懦弱无能，全靠孙悟空得以到西天取回真经，而《西游记》中唐僧的原型，唐朝的玄奘法师，却是一位坚定睿智的高僧、翻译家和旅行家。他立下了宏大的志向并为之努

立志

相关链接：丈夫须有远图，眼孔如轮，可怪处堂燕雀。豪杰宁无壮志，风稜似铁，不忧当道豺狼。——陈继儒：《小窗幽记》

力奋斗而终于获得了成功。

　　玄奘家贫，父母早丧，13 岁出家，20 岁在成都受戒。他曾游历各地，参访名师。在全国各地游学后，玄奘了解到当时佛教在中国的情况，佛教经典残缺不全，教义分歧，众人对佛经的质疑也颇多，于是他产生了去印度求佛经原文以会通一切的念头。贞观元年（627年），玄奘陈表，请允西行求法，但未获唐太宗批准。然而玄奘决心已定，于是"冒越宪章，私往天竺"。当时，所有人都认为，穿越西域死亡之地前往天竺是不可能完成的事情，何况那时唐王朝初建，边防不稳，与突厥有战事，严禁出国西行。而玄奘就是在这不可能的情况下，毅然坚定了去天竺取

得佛经原文的志向，并踏上了征途。

　　唐贞观二年（628 年），长安一带遭受严重灾害，为度过荒年，唐王朝规定所有灾民可随丰就食。玄奘乘机出了长安，踏上西去的征途。沿途经过宝鸡、秦州，向北经甘肃天水到达凉州。凉州是唐的重要关口，把守森严，都督李大亮不让玄奘西行，玄奘只好在此停留，后来乘卫兵防范疏松不备，出了凉州城。他昼伏夜行，好不容易才过了张掖，出了嘉峪关，到达瓜州。从瓜州到伊吾的莫贺延碛是玄奘西行取经路上异常艰难的路段，在这条路上，他经历了五天四夜饥渴难熬的艰苦历程，几乎殒身戈壁，但也正是在这段路上，玄奘立下"不至天竺，终不东归一步""宁可就西而死，岂能东归而生"的誓言。通过了伊吾，玄奘从高昌国向西，经过阿耆尼国，绕道银山到屈支国，随后又过沙漠到了跋禄迦国，过了跋禄迦国就是大雪山，一路山高岭险，气候寒冷，白雪皑皑，不少同行者被冻死在路上。经过了大雪山就是一望无垠的沙漠，是一片无边无际的热海，炎热炙烤着每个经过的人，玄奘又一次经历了生死考验。在九死一生过后，玄奘终于来到了天竺。他在天竺潜心修习，修行提升到了极高的境界。643 年，他启程回国，并将当地的 657 部佛经带回中土。646 年，玄奘回到长安，受到了唐太宗的热情接待。

　　所有人都认为不可能的事情，玄奘将其变成了现实，就是因为他把这件事情作为自己必须完成的志向。我们看到的不仅仅是玄奘荣归故里时的盛大场景及优厚待遇，还应该知道，这一切，都是玄奘立志战胜困难的结果。

人无志，非人也

人无志，非①人也。

——《嵇康集·家诫》

> **注** ①非：不是。

········ 释义 ········

一个人若是没有志向，就不能称其为完整的人了。

《嵇康集·家诫》是一篇著名的关于家庭教育的文章。嵇康在其中指出"人无志，非人也"，不仅把"立志"看作做人的基本要求，而且把立志教育放在教育的首位。《家诫》所指的"立志"是儒家所反复强调的"士志于道"，即做一有德君子。我们则可以将这句话与当今时代相结合，得出的结论就是，有理想是一个人成人的第一步。

三国西晋时期有一个人物叫周处，他的事迹可以明白地反映"人无志，非人也"这句话的含义。

周处，字子隐，东吴吴郡阳羡（今江苏宜兴）人，鄱阳太守周鲂之子。周处年幼丧父，年少时纵情肆欲，危害百姓，成为乡里中恶名昭著，众人唯恐避之不及的人物。周处与义兴南山白额老虎、长桥水中的鳄鱼被并称为"三横"，而周处居首。周处发现乡里的人总是愁眉不展，于是有一天，他问乡里的长辈："当今时局平和，年岁又丰，大家为何苦闷不乐呢？"长辈叹道："三害未除，何乐之有！"告诉了周处后二害，于是周处自告奋勇，先入山杀了猛虎，又下水与鳄鱼缠斗，浮沉数十里，漂流到阳羡东方的震泽（今太湖），一连三天三夜没有消息，乡里人以为周处死了，全都互相庆贺。周处活着回来看见了大家庆祝的场面，才知自己在乡民眼中是何等祸害，心生悔意。于是他去拜访了名士陆机、陆云兄弟，告以实情，说自己想改过自新，但已蹉跎岁月，恐怕将来一无所成。陆云勉励周处"朝闻过而夕改之"，立定大志，尚有前途。于是周处立志好学，文章有思想，志向存义烈，言谈讲忠信而守分寸。一年后，周处果然接到诸多州府下的聘书。

吴国灭亡后，大批吴臣出仕于晋，周处名列其中，出任雍州新平（今陕西彬县）太守，因处理边疆民族问题很成功，外族归附而有美名。其后周处转任梁州广汉（今四川射洪）太守，处理争讼公平正直，平息了不少经年诉讼的案件。后来因为母亲年迈而辞官归里，不久周处再被征为楚内史，尚未到任，又被征召入京担任散骑常侍。周处认为应当"辞大不辞小"，于是先到楚国赴任，在那里有了安抚教化等治绩，然后才入朝为官，此做法为后人所称道。

周处在朝中以正直出名，迁任御史中丞，纠劾对象不避权贵。梁王司马肜违法也遭到纠举，于是对周处怀恨在心。

296年，西北少数民族氐羌反叛，首领齐万年称帝。十一月，晋朝任命司马肜为征西大将军、都督关中诸军事；周处为建威将军，隶属安西将军夏侯骏。周处是吴国降臣，既有武勇之名，又因正直而得罪了不少人，便被推上了最前线。周处自知身处险境，必被司马肜陷害，但为尽人臣之节，便不推辞，抱着必死的决心西征。朝中有中书令陈准为周处讲话，警告说夏侯骏、司马肜都是皇亲国戚，不会打仗，若其令周处为先锋，必败无疑，但是朝廷不听。连周处的敌人齐万年分析局势，也认为若周处当主帅，则无法抵挡；若周处受制于人，则一定可以获胜。

297年正月，齐万年屯兵7万于梁山（位于今陕西乾县），司马肜、夏侯骏逼周处仅以5000兵力发动攻击。周处反对道："我军缺少后援，一定失败，不只会死，而且会让国家蒙羞。"但是司马肜不听，逼迫周处前进，与齐万年军战于六陌（位于今陕西乾县），士兵连饭都没吃就被推上战场。

相关链接：或问入道之功。子曰："立志。立志则有本。譬如艺术，由毫末拱把，至于合抱而干云者，有本故也。"——《二程全书·程氏粹言·卷一·论学篇》

没有后援，周处知必败无疑，但他带头奋勇杀敌，斩敌数以万计，终于弦绝矢尽，友军振威将军卢播、雍州刺史解系皆不救援。旁人劝周处撤退，他却按着剑说："这是我效忠死节、以身殉国之日！"最终力战至死。

虽然周处年少时的事迹更多的是一种传说，但是他浪子回头，立志建功，最终成为一位受人敬仰的历史人物，却是不争的事实。"人无志，非人也"这句话在周处身上可以说得到了非常好的体现。我们每个人，即使不是像周处年少时恣意妄为，而是昏昏沉沉、浑浑噩噩过日子，也可说是"无志而非人"。早早树立自己的理想并为之努力，这样的人生才有意义。

太上有立德，其次有立功，其次有立言

太^①上有立德，其次有立功，其次有立言，虽久不废，此之谓不朽。

——《左传·襄公二十四年》

> **注** ①太：最。

••••• 释义 •••••

最高层次的是有高尚美好的操行，其次是建立功绩，再其次是著书立说，这些都是很长时间不会消失的，因此可以称作是不朽的。

《左传》记载，鲁国大夫叔孙豹到晋国传授其立德思想时说过这样一句话："豹闻之，太上有立德，其次有立功，其次有立言，虽久不废，此之谓不朽。"这句话说明了叔孙豹对于人生价值的看法：人活于天地之间，生生死死是自然规律，权势利禄也不过是过眼云烟，唯有"立德、立功、立言"可以彪炳千古，证明人生价值。

从我国古代传统的意义上讲"立德、立功、立言"的概念，就字面的通俗含义来看，"立德"就是做圣人，做好事，做一个社会认可的"完美榜样"，用现代语言讲就是做一个只有优点没有缺点的人。"立功"就是要做英雄，做征战四方屡立奇功的大将军，或是为民请命明镜高悬的大清官，就是要在当世有功德无量的口碑，在后世要有千秋功业的记载。"立言"就是做文章，著书立说，而且要是传世之作，从道理上说要接近绝对真理，从文采上看要是千古绝唱。这"立德、立功、立言"的标准可以说是极高的，历史上一代代学人将此作为人生理想而奋斗终生。

对我们来讲，立德不仅仅是个人的修养，还应该立足自身，心怀天

下，关注与人类生存发展紧密相关的科学技术、生态环境、世界和平等。在生活中，要用心于做一个民主社会中的合格公民，培养民主精神，提高民主素质，注重人文修养，达到爱人如爱己的境界，为和谐社会的建设贡献自己的力量。

所谓立功，就是要首先立足本身的行业，创造出优秀的成绩，还应该解放思想，开拓进取，突破固有观念和陈规旧习与已有成果的禁锢，敢于创新，勇于挑战权威。以不断学习的精神，包容一切的胸怀，挑战一切的大无畏精神，在知识时代的浪潮中勇做弄潮儿。

所谓立言，不只是要著书立说，还要说真话、说实话，不只是要说得精彩，还要说他人所未说，说他人所不敢说的有力量、有良心的话。说话还要不唯名，不唯利，只唯真，只唯实。要体现普通人话语的威力，在我们的社会主义社会中创造新的百花齐放、百家争鸣的局面。立言在现代，还包括了要采用一切更新、更先进、更迅速的表达方法和表现方式，诸如BBS、博客、电子邮件等。

人的一生要过得有意义，如果有了"立德、立功、立言"的志向，也就有了给这个世界留下些什么，无论是物质财富还是精神财富的动力。而如何去做，则每个人都应该走出自己的路。"立德、立功、立言"已经成为了中国人的一种民族精神。传承民族文化，发扬民族精神，让我们一起为"立德、立功、立言"而努力吧！

相关链接：大丈夫宁为玉碎，不为瓦全。——《北齐书》

有志不在年高，无志空长百岁

有志不在年高，无志空①长百岁。

——石成金:《传家宝·俗谚》

注 ①空：徒然，白白地。

●●●● 释义 ●●●●

　　有志气的人不在年岁大小，无志气的人即使活到百岁也是虚度。

　　石成金是清代学者。他一生笃志于教书，著作甚丰。《传家宝》是石成金编著的一部百科全书式的文集。书中用通俗易懂的文字，夹杂一些插图、印章、小笺，讲述了耳熟能详的身边事情。书的形式多样，生动活泼，包括格言、庭训、诗文、俚语、谚语、童谣、小说、笑话、小曲等种类，涉及读书求学、柴米油盐、吃饭穿衣、洒扫应对、生儿育女、养生保健、陶冶性情，以及士农工商各行各业的经营诀窍等方面。

　　"有志不在年高，无志空长百岁"是书中收录的我国自古以来就有的谚语，许多人都用它激励自己从小立志。有志气的人一般从小就对自己提出较高要求，在这种志向的激励下，一生才会有所成就。在我国悠久的历史长河中，从小立志最终成大事的人非常之多，而在新中国的成立过程中，革命的特殊性更使得许许多多的少年投入到斗争的洪流中去。"自古英雄出少年"，涌现了一批又一批英雄人物，其中最特殊的就要数著名的中央红军"少共国际师"了。

第四次反围剿胜利之后，蒋介石调集重兵准备第五次围剿。红军总部收到的情报表明，即将到来的第五次围剿的规模和敌军兵力将远大于前 4 次。于是，中共中央决定尽可能地扩大红军。1933 年 8 月 5 日，在宁都隆重举行了"少共国际师"成立誓师大会。6 700 名少年先锋队员，怀满着革命的理想和勇气，光荣地加入了红军。周恩来同志亲手给这支年轻的部队授予了军旗。不久以后，这个师就扩充到 1 万多人。

少共国际师第一次参战是在闽北拿口与国民党军进行的一场遭遇战，战斗中少共国际师的一个营从两翼夹击，消灭敌人 300 多，缴获大量武器，成功渡过了闽江。红军由于武器弹药缺乏，每人只发 10 颗用旧弹壳翻造的子弹，所以战斗开始后，很快就转入白刃战。少共国际师的战士，由于体质较弱，在白刃战时，经常采取两个娃娃兵对一个敌人，一个牵制，一个刺杀。初战得胜，增强了全师官兵的信心。

1934 年 10 月，中央红军开始长征。少共国际师和红一师、红二师同属于红一军团战斗序列，担负掩护和殿后任务。红军告别根据地时，有些人对革命的前途产生了疑问，有些人舍不得离开家乡。而少共国际师的官兵们，始终朝气蓬勃，他们的行军速度和红一师、红二师一样快，为了突破封锁线，以日行百里的速度向湘江疾进。

为了配合红五军团牵制全州的湘军，少共国际师还抽出一个团直扑全州东南的鲁塘圩进行佯攻。延寿圩的阻击阵地上，只有两个团的部队抗击敌人四个团。阵地上不断受到敌军飞机和重炮的狂轰滥炸，而红军只能用刺刀手榴弹和敌人近战。据当时的红二师四团团长耿飚说，"每分钟都得用血换"。但为了掩护军委纵队过湘江，少共国际师和其他红军部队一样，进行了整整 5 天的阵地防御战。一直坚持到主力部队过江。

渡过湘江后，8 万红军只剩下 3 万多，少共国际师从 5 000 人减员到 2 700 人。遵义会议后，红军进行了改编，为加强主力部队的战斗力，很多损失较大的红军部队和主力合并。红八军团和红三军团合并，少共国际师的战士被编入红一师和红二师，继续战斗。

少共国际师虽然只进行了短短 1 年多的战斗，但从少共国际师中走出了许多开国战将。1955 年，一些从少共国际师走出来的解放军将领被授予了军衔，其中有彭绍辉上将、肖华上将、陈正湘中将、江拥辉少将、吴岱少将、何廷一少将、李景瑞少将、杨思禄少将，等等。

战争时期有着它的特殊性，现在的青少年在和平的环境下受到良好的保护，优越的环境更要求我们从小立志为祖国的繁荣富强努力奋斗。

有志者，事竟成

有志者，事竟①成。

——范晔：《后汉书·耿弇传》

注 ①竟：到底，终于。

•••• 释义 ••••

有志向的人，做事情就一定能够成功。

"有志者，事竟成"是《后汉书·耿弇传》中记载的汉光武帝说耿弇的一句话。这句话强调的是，虽然事情非常困难，但是在有志于解决问题的人面前，肯定是会被突破的。大家现在知道这句话更多的是在蒲松龄的一副自勉的对联中："有志者，事竟成，破釜沉舟，百二秦关终属楚；苦心人，天不负，卧薪尝胆，三千越甲可吞吴。"这副对联被广为流传，成为很多年轻人遇到挫折时鼓励自己的话语，但是，大家可能很少知道这句话的出处。这里的有志者耿弇做的是挑战困难，而不是遇到挫折。

耿弇，字伯昭，扶风茂陵（今陕西）人。他是东汉光武帝刘秀的大将军，"云台二十八将"之一。

建武二年（57年），耿弇向光武帝请求攻打齐，光武帝认为这是一件异常困难的事情，应该是难以做到的，但是耿弇却有志于这项挑战，并保证将齐平定。建武五年（29年），耿弇开始讨伐齐的张步。当时张步的弟弟张蓝进驻西安，张步派遣其所辖诸郡太守集中兵力驻守在临淄，这两城相距四十余里。耿弇率军前进至画中，这个地方介于西安和临淄二城之间。诸将对于应该先攻打哪一城与耿弇起了争执。护军荀梁等人认为应当攻打较小的城西安，可是耿弇却认为，"西安城小而坚，临淄虽大而易攻"。于是，耿弇独排众议，决定进攻临淄。

耿弇使用了"声东击西"法，对外宣称要进攻西安。张蓝获得这个消息后，更加戒备西安。到出兵当天，耿弇让将士们提前到半夜起床吃饭，然后以迅雷不及掩耳的速度前往攻打临淄城。果然，耿弇挥军进攻，

不到半天临淄即被攻陷，耿弇等人进驻该城。而西安的张蓝听到这个消息后就率兵逃跑了，临淄、西安两座城尽归汉军所有。

张蓝逃回剧县后与张步商议，想趁耿弇立足尚未稳之际，将临淄收复，于是，张步集中 20 万大军进行反攻。耿弇知道消息后，毫不慌张。他先派一支部队到淄河引诱张步来攻，待张步追到临淄，耿弇乘其与守军激战时，自己率领精锐兵士去偷袭张步的营垒，大获全胜。光武帝后来亲自来到前线，他说："将军前在南阳建此大策，常以为落落难合，有志者事竟成也！"他也对有志者耿弇终于完成了自己的志向而钦佩不已。后来，耿弇继续追击张步，终使张步不得不率众 10 万人投降。耿弇首先便确立了一个目标，虽然目标的实现很困难，但他却坚定地向这个目标前进，最终获得了胜利。光武帝将耿弇对东汉的开国之功比作韩信之于西汉，认为其有过之而无不及。

"有志者，事竟成"表达了坚忍的意志，困难面对有志于解决它的人，是肯定要屈服的。

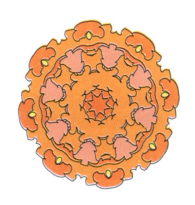

名家美文话格言

相关链接：荣必为天下荣，耻必为天下耻。——齐己：《君子行》

丈夫所志在经国，期使四海皆衽席

丈夫所志在经国[①]**，期使四海皆衽席**[②]**。**

——海瑞：《樵溪行送郑一鹏给内》

> **注**　①经国：治理国家。
> ②衽席：寝处之所，引申为安居乐业。

●●●● 释义 ●●●●

男子汉的志向在把国家治理好，让人民都能够安居乐业。

"丈夫所志在经国，期使四海皆衽席"这句话，表明了作者强烈的爱国热忱与让广大人民能够安居乐业的强烈愿望。我们可以有各种各样的理想，其中最有价值的就是树立为人民服务的志向。为祖国作出贡献，让祖国的人民过上更加幸福的生活，这是每个有志之士认同的目标。

这句话的作者海瑞，也做到了这一点。海瑞是明代著名回族政治家，他虽然出生于官僚家庭，但童年时期的家境并不殷实，年仅4岁时父亲不幸病逝，他和母亲相依为命，生活异常清苦。母亲很刚强，勤俭持家，教子有方，"苦针裁，营衣食，节费用，督瑞学"。在她的督导下，海瑞自幼即诵读《大学》《中庸》等书，加上母亲为他所请的良师指点及严格要求，使得海瑞很早就有了报国爱民的志向。

嘉靖四十五年（1566年），世宗皇帝迷信道教，讲究长生之术，不理朝纲，海瑞以死上疏，条奏《直言天下第一事疏》，对皇帝的行为进行了批评。这一行动触怒了嘉靖皇帝，皇帝读罢此奏疏，非常愤怒。传说他当时把奏折往地上一摔，嘴里喊叫："抓住这个人，不要让他跑了！"旁边一个宦官为了平息皇帝的怒气，连忙跪奏："万岁不必动怒。这个人向来就有痴名，听说他自知必死无疑，所以在上疏之前就已经买好一口棺材，并已经召集家人诀别，连家里的仆人都已经吓得统统逃散。这个人是不会逃跑的。"嘉靖听完，长叹一声，又从地上捡起奏本一读再读，他把海瑞比作古代的忠臣比干，但是不想自己成为商纣。后海瑞被罢官入狱，在狱中待了10个月。嘉靖世宗皇帝死后，穆宗即位，让海瑞出狱改任兵部武库司主事。

隆庆三年（1569年），海瑞升任右佥都御史、钦差总督粮道巡抚应天十府，即现在长江下游两岸富庶之地。但海瑞到任后发现，人民在重赋和贪官污吏的压迫下生活极为困苦。当年正发生涝灾，粮价飞涨，百姓不去讨饭就会饿死。于是，海瑞在弄清受灾是由于连接太湖通海的吴淞江淤塞所致之后，便召集饥民，趁冬闲季节开工，疏浚吴淞江及其支流。又上书请求，将应该上交的粮食留下一些，解决灾民吃饭问题。

为了维护农民的利益，海瑞进一步惩罚恶霸，归还被强夺的土地。对海瑞有恩的徐阶在当地占有的土地最多，他象征性地退了一些。海瑞因此写信劝他应该作出表率，多退一些田。许多京官纷纷为已经告老还乡的徐阶说情，但最终海瑞还是联合一些官员，迫使徐阶退了二分之一的田地。其他地主们见此情景，赶忙将多占的田依数退还。海瑞还组织人清查土地，简化赋税制度，减轻百姓负担，这引起了地主们的不满，大批地主联合诬告他，说他支持倭寇，不久，海瑞被罢了官。

海瑞担任应天巡抚时，爱民抚民，为民除害谋利，但他自己却生活得很俭朴清苦。所到之处不许鼓乐迎送，也不住豪华的住宅。地方上为迎接他大摆宴席，他却规定物价高的地方每顿饭不能超过三钱银子，物价低的地方不超过二钱银子。

海瑞去世前几天，还退还了兵部多送来的七钱银子。他的妻子、儿子早已去世，他的丧事由别人料理，遗物只有八两银子、一匹粗布和几套旧衣服。靠同僚的帮助，他的灵柩才得以运回故乡。出丧那天，送葬的百姓如丧考妣，队列达百里之长。

　　海瑞一生为国为民，对自己的生活却严格到了苛刻的程度。我们所处的时代，物质生活已经极大地丰富了，在这种情况下，我们更加要克制一己私欲，树立经国之志，为祖国更加富强，为人民安居乐业贡献自己的力量。

相关链接：至人立志，周普无偏。——郭庆藩：《庄子集释·卷六》

志于道，据于德，依于仁，游于艺

志于道，据^①于德，依于仁，游^②于艺。

——《论语·述而》

> **注** ①据：固执坚守。
> ②游：游泳。

●●●● 释义 ●●●●

要有志于道，坚守德，不违背仁，在艺中遨游。

《论语》是孔门弟子及再传弟子汇编孔子的言行集，共 20 篇，记述了孔门师徒问答的实况，是研究早期儒家思想的主要资料。"志于道，据于德，依于仁，游于艺"是孔子认为的作为一个完整的人应该追求的东西。

个人价值系统按照孔子的思想，会在"志于道，据于德，依于仁，游于艺"四个不同层面展开和体现，对于这四个不同层面的完整人性追求，最终构成了我们每个人成长的动力系统。

志于道。要有志于道。道，《老子》中这样解释："有物混成，先天地生。寂兮寥兮，独立而不改，周行而不殆，可以为天地母。吾不知其名，

相关链接：大道之行也，天下为公。——《礼记·礼运》

字之曰道。"这是抽象"道"的解释，用描述性质的语言说出了"道"的时间性特征，但"道"的本质没有涉及。我们常说，为人之道，为官之道。这些道我们是较熟悉的。道有很多种，每一种事物都对应自己的道。每人也有自己的道，而且要由自己去开拓。有人走大道，有人走小道；有人走正道，有人走歪道。上天赋予了我们天性，但道则由自己选择。

据于德。立志要高远，但必须从人道起步。所谓"天人合一"的天道和人道是要从道德的行为开始。道行在外，德修在己。求行道于天下，先自据守己德，如行军作战，必先有根据地。"志于道"是哲学思想，"据于德"是为人处世的行为，古人解说"德"就是"得"，天命之谓"性"，而"性相近，习相远"。我们常说一个人有德性，就是指他天性保留得完整，而无德之人天性就已丧失殆尽。所以孔子告诉我们，思想是"志于道"，行为是"据于德"。

依于仁。仁的意思首先是"至善"，还有另一层意思须提及。仁者，人也，且为二人。"以吾之心推及他人，老吾老以及人之老，幼吾幼以及人之幼"，进而使大家同心同德。仁体现的是内心的修养，所谓性命之学、心性之学，这是内在的。表现于外用的则是爱人爱物，譬如墨子思想的兼爱，西方文化的博爱。"依于仁"，是依傍于仁，也就是说道与德的发挥，在于对人对物有没有爱心。有了这个爱心，爱人、爱物、爱社会、爱国家、爱世界，扩而充之爱全天下。这是仁的发挥。

游于艺。游是游泳的游，不是游戏的游，"游于艺"的"艺"包括礼、乐、射、御、书、数等六艺。孔子当年的教育以六艺为主。其中的"礼"，以现代而言，包括了哲学的、政治的、社会的文化。"乐"，现代则是指艺术的舞蹈、影剧、音乐、美术等等。"射"，过去是说拉弓射箭，相当于现代的体育。"御"，驾车，以现代来说，当然就包括驾驶所有的交通工具。"书"，文学及历史方面的社会科学知识。"数"，则指科学方面的知识。人才的培养，生活的充实，都要依六艺修养，"艺"不是现在所指狭义的艺术。

孔子认为人生对于道、德、仁、艺这四种文化思想上的修养要均衡发展。"志于道，据于德"包括了精神思想，"依于仁，游于艺"则作为生活处世的需要。钱穆先生在《论语新解》中认为："孔子十五而志于学，即志于道。求道而有得，斯为德。仁者心德之大全，盖惟志道笃，故能德成于心。惟据德熟，始能仁显于性。故志道、据德、依仁三者，有先后无轻重。而三者之于游艺，则有轻重无先后，斯为大人之学。"

现在我们说要做"有理想，有道德，有文化，有纪律"的"四有新人"。大致对应一下，"志于道"对应有理想，"据于德"对应有道德，"依于仁"对应有纪律，"游于艺"对应有文化。比较而言，孔子的提法一点也不落后于时代，完全可以作为我们发展自我的一个标准。

相关链接：富贵不能淫，贫贱不能移，威武不能屈。——孟子

志须正

一个人必须要有正确的志向，这样
才能使自己的人生之路通向光明的
目标。

不为穷变节，不为贱易志

不为穷变节，不为贱①易志。

——桓宽：《 盐铁论·地广 》

> **注** ①贱：低贱。

●●●● 释义 ●●●●

不因为生活的贫困而改变自己的节操，不因为地位的低贱而变更自己的志向。

"不为穷变节，不为贱易志"出自桓宽《盐铁论·地广》。桓宽是西汉著名文士，他参加汉昭帝时著名的盐铁会议，记录会上的辩论，撰成《盐铁论》，因而闻名。桓宽这句话是说，任何人都要坚守自己的气节与志向，不能因为贫富和地位的改变而改变。

气节与志向，自古以来都为中国人所重视，有气节有志向的人也都为人们所传诵。我国历史上的三国时期是有名的乱世，在乱世之中能坚守自己的气节与志向就更加为人们所崇敬，管宁正是这样一个人。

管宁的远祖是春秋时代的贤相管仲。他家里很穷，16 岁时就死了父亲，亲戚朋友可怜同情他，赠送了许多财物让他葬父，可是管宁一文不取，只凭借自己的力量安葬了父亲。

管宁好学，183 年，平原人华歆慕管宁之名，千里来访。二人一见如故，成为好友，后来管宁又结交了邴原，三个人很要好，又都很出色。所以当时的人把他们比为一条龙，华歆是"龙头"，邴原是"龙腹"，管宁是"龙尾"。他们最尊敬的大学者是当时著名的陈仲弓，陈仲弓的学识行为成了他们的追求目标。但据《世说新语》记载，华歆和管宁曾经绝交，后人称之为"管宁割席"。当时，他们求学的时候，常常是一边读书，一边劳动。有一天，华歆与管宁在园中锄菜，锄着锄着，管宁的锄头翻腾出来一块黄金。金子是很有诱惑力的，但是华歆、管宁他们平时读书养性，"不为穷变节"，见了意外的财物不能动心，平时也以此相标榜。所以这时，管宁见了黄金，就把它当作砖石土块对待，用锄头一拨就扔到一边。而华歆在后，过了一刻也看见了，虽然明知道不该拿，但心里不忍，还是拿起来看了看才扔掉。又过了几天，两人正在屋里读书，外头的街上有达官贵人经过，乘着华丽的车马，敲锣打鼓很热闹。管宁还是和没听见一样，继续认真读书。华歆却坐不住了，跑到门口观看，对官员的威仪艳羡不已。车马过去之后，华歆回到屋里，管宁却拿了一把刀子，将两人同坐的席子从中间割开，说："你不配做我的朋友。"

管宁志在做人与学问。汉末天下大乱之后，人的生命财产都不能保障，中原一带无法再待下去了。管宁、邴原等几个人相约，去比较安全的辽东避难。当时辽东太守是公孙度，很有统治能力，而且辽东地理位置偏僻，战乱没有波及，是一个理想的避难地。管宁几个人在中原的名气很大，公孙度是知道的，所以对他们的到来非常欢迎，专门腾出驿馆来请他们居住。见了公孙度，管宁只谈了谈经典学术，对当时的政治军事局势闭口不谈。拜见过公孙度以后，管宁没有再住驿馆，而是找了一处荒山野谷，自己搭个简易房子、挖个土窑居住。当时在辽东的许多中原流民，感于管宁的贤名，都来投靠他，在管宁的土窑周围搭房子居住，不多久，这地方就像个村镇一样热闹了。管宁实际上成了流民的首脑，但是他只讲文不讲武，热心办起了教育。这就是《资治通鉴》中所说的管宁避难辽东，所居之处，"旬月而成邑"，可见管宁的人格魅力，他不为了官位而放弃自己的志向。公孙度死后，他儿子公孙康掌了权，野心比他父亲还要大，成天想着海外称王的美事。他想给管宁封个官，让管宁辅佐他，可是慑于管宁的贤名，

相关链接：坚志者，功名之主也；不惰者，众善之师也。——葛洪：《抱朴子·外篇·广譬》

硬是开不了口。管宁看到辽东也要动乱，带着家属乘船回中原。公孙康亲自送他，赠送了许多礼物，管宁先收了，出发时，将公孙度、公孙康的赠物，全部留下来，一概不取，保持了清白本性。

钱穆先生在《中国史学名著》中提到后人推尊管宁为"三国第一人物"，就是因为管宁的节操与志气。我们现代人在物欲横流的社会中，也应该有"不为穷变节，不为贱易志"的勇气。

当理不避其难，临患忘利，遗生行义，视死如归

当理不避其难，临患①忘利，遗②生行义，视死如归。

——《吕氏春秋·士节》

注　①患：祸患。
　　②遗：舍弃。

······ 释义 ······

为了大义而不逃避面对的危难，在祸患面前舍弃自己的私利，为了行大义而甘愿舍弃自己的生命，将死亡视作和回家一样平常。

"当理不避其难，临患忘利，遗生行义，视死如归"是《吕氏春秋·士节》中的一句话，形容的是士大夫应该具有的气节。古人所说的气节当然与现代有所不同，但是一个人的志向很重要的一点就是要维护时代的进步，维护社会的正义感，维护正确的东西，这一点是从来都没有改变的。

在中华民族不断前进的历史中，有很多仁人志士"当理不避其难"，为

了社会的进步献出了生命。其中，在旧民主主义革命史上第一位为革命而流血牺牲的女子秋瑾，就是一位视死如归的英雄。

秋瑾（1875～1907），浙江绍兴人，她少年时代就"学通经史，工诗文词，又好剑术，善骑马"，而且"丰貌英美、娴于辞令"。当时的所见所闻，使秋瑾直接地感受到帝国主义的侵略气焰和中国的屈辱，萌发了以花木兰、梁红玉为榜样，效力国家的思想。她决心用宝刀、宝剑斩尽妖魔，澄清神州。

秋瑾革命思想的增长，使她和封建保守的丈夫王廷钧的矛盾日趋激化。到1904年，她毅然决然只身东渡。秋瑾一到日本，就显示了极大的革命活力。她加入了光复会，不久又参加了刚刚成立的同盟会，并被推选为评议部的评议员和浙江省的主盟人。她发展了不少浙籍会员，致力于宣传工作，创办了《白话》杂志，常常读书写作到深夜。她在当时已经成长为颇负声望的革命活动家。秋瑾疾恶如仇，词锋犀利，常有逼人之势，与志在反清的革命同志推心置腹；对于轻薄浮浪，以吃喝玩乐为能事的纨绔子弟则义形于色，甚至当面呵斥；对于思想顽固腐朽的人则深恶痛绝，口诛笔伐。

1906年春夏之交，秋瑾在浙江浔溪女学教学两个月，当年冬又在上海筹办《中国女报》。此后，她就全力以赴从事武装起义的组织策划。秋瑾和徐锡麟曾经一起制订了浙、皖两省武装起义的计划。他们计划，由秋瑾在绍兴组织浙江起义，徐锡麟在安庆发动安徽起义。一旦起义发动，安徽的起义军"上趋武汉，下趋江宁"；浙江的起义军则"攻上海而逼苏常"，一举而可下东南半壁。"然后简搜精锐，北窥幽燕，天下事可传檄而定"。

秋瑾到金华、处州等地和会党首领共商革命大计。她来往于浙、沪、皖、鄂、湘等地，运动于军学各界，筹措经费，到杭州勘察地形，绘制地图。她把浙江各地会党和光复会等反清革命力量统一编为光复军，并且起草了《光复军起义檄》和《普告同胞檄》。1907年农历五月，她布置就绪，并到上海和徐锡麟约定了起义事宜。但是风云突变，因为局部起义军的过早暴露使得整个起义军处于不利境地。徐锡麟急切之间，于农历五月二十六日乘机起义，刺杀了安徽巡抚恩铭，以致清廷震动，起义失败。徐锡麟当天被害，浙江方面的处境更加不利。五月二十九日，秋瑾已经获悉安庆起义失败的消息，但又没有采纳及早起义的建议，而坚持六月十日起义的计划。六月四日，在已确知清军从杭州出动的消息后，她又拒绝了王金发关于暂时隐蔽的建议。她销毁了革命文件，并在给徐小淑的信中写下了"虽死犹生，牺牲尽我责任；即此永别，风潮取彼头颅"这样的绝命词。当天下午她被捕。之后，绍兴府和山阴、会稽两县对她严刑审问，但她始终只有"革命党的事不必多问"，"要杀便杀"等几句话，咬牙闭目，坚贞不屈。六月六日（7月15日）凌晨，秋瑾就义于绍兴古轩亭口。

面对国家危亡，秋瑾选择的不是逃避；为了历史的前进，秋瑾视死如归。现在我们正处在一个非常好的建设时代，尽管已经不需要我们再为反抗黑暗势力去流血牺牲了，但是"当理不避其难"，在关键时刻挺身而出维护公平与正义，仍然是我们每个人的使命。

相关链接：穷则独善其身，达则兼济天下。——《孟子·尽心上》

古之人，得志泽加于民，不得志修身见于世

古之人，得志泽①加于民，不得志修身见②于世。

——《孟子·尽心上》

> 注 ①泽：恩泽。
> ②见（xiàn）：同"现"。

••• 释义 •••

古代的贤人，得志的时候，就为民众谋福利，不得志的时候，就加强自己的品德修养，使自己的德望昭显于世。

"古之人，得志泽加于民，不得志修身见于世"，这句话主要是说如何对待自己所立之志的问题。由于种种客观原因，在人生道路上，总会碰到得志和不得志这两种情况。如何面对，孟子的观点就是，"得志的时候，就为民众谋福利，不得志的时候，就加强自己的品德修养，使自己的德望显现于世"。

一个人得志的时候，不滥用权力而要为人民造福。一个人不得志的时候，没有能力去改变周围的环境，这时候就需要改变自己，提高自己的德与行，给别人做榜样。人的一生，由于机遇的不同，可能更多的时候无法实现自己的理想，这时候修身见世就显得很不寻常了。我国东晋时期著名诗人陶渊明，可以说就是不得志时隐逸山林，修身现世，留下宝贵文化遗产的著名人物。

　　陶渊明少有"猛志逸四海，骞翮思远翥"（《杂诗》）的大志，孝武帝太元十八年（393年），他怀着"大济苍生"的愿望，任江州祭酒。当时门阀制度森严，他出身庶族，受人轻视，感到不堪吏职就辞职回家了。其后陶渊明又任过一些官职，但都因官场黑暗而辞职。

　　义熙元年（405年）秋，陶渊明的叔父陶逵介绍陶渊明任彭泽县令，陶渊明到任的第81天，碰到浔阳郡派遣一位官员来视察，他的属吏说："当束带迎之。" 陶渊明叹道："我岂能为五斗米向乡里小儿折腰！"然后毅然交出官

相关链接：业无高卑志当坚，男儿有求安得闲。——张耒：《柯山集》

相关链接：会当凌绝顶，一览众山小。——杜甫《望岳》

印辞去职务。陶渊明 13 年的仕宦生活，至此结束。

这 13 年，是他为实现"大济苍生"的理想抱负而不断尝试、不断失望，终至绝望的 13 年。最后他写了《归去来兮辞》，表明与上层统治阶级决裂，不与世俗同流合污的决心。

陶渊明辞官归里，过着"躬耕自资"的生活。他的夫人与他志同道合，安贫乐贱，共同劳动，维持生活，与劳动人民日益接近，息息相关。归田之初，生活尚可。"方宅十余亩，草屋八九间。榆柳荫后檐，桃李满堂前。"陶渊明爱菊，宅边遍植菊花。他的名句"采菊东篱下，悠然见南山"至今脍炙人口。他的晚年，生活愈来愈贫困，有的朋友主动送钱周济他。有时，他也不免上门请求借贷。

就是在归隐的生活中，陶渊明达到了文学创作的巅峰。陶渊明是超越世俗的田园诗人，陶渊明的诗文代表了"人的觉醒"，也就是说，人不光要有物质生活，精神生活也非常重要。在不得志时"修身见于世"，也可以取得巨大的成就。

相关链接：丈夫皆有志，会见立功勋。——杨炯：《出塞》

恢弘志士之气，
不宜妄自菲薄

恢弘^①志士之气，不宜妄自菲薄^②。

—— 诸葛亮：《出师表》

注 ①恢弘：发扬、扩大。
②菲薄：轻视

•••• 释义 ••••

振奋起有志之士的勇气，不要随随便便就轻视自己。

　　诸葛亮是三国时期蜀国的著名政治家、军事家。公元226年5月，魏文帝曹丕死。同年7月，孙权征江夏围石阳，不克而还。这正是蜀汉进击中原的良机。于是诸葛亮毅然决定出征讨伐曹魏。经过一番准备，于建兴五年（227年）三月，率军北驻汉中，准备北伐曹魏。可是后主刘禅庸愚懦弱，胸无大志，难以守成，这是诸葛亮最为忧虑的。为了开导刘禅，布置朝政，表明心意，激励众志，在出师前诸葛亮向刘禅上了名为《出师表》的奏疏。

　　"恢弘志士之气，不宜妄自菲薄"写在全文的开始，表明了诸葛亮对这

049

句话的强调。"妄自菲薄"后来就成为一句成语，形容随随便便就过分看轻自己，对自己没有信心。从立志来看，树立了志向就要坚定去做，缺乏自信就会使得自己的才能无法得到充分的发挥，从而影响自己的成功，如果有了充分的自信，就能够发挥出超过自己水平的能力，起到事半功倍的作用。

中国近代史是一部屈辱的历史，但就是在这样的历史进程中，仍有许多的志士仁人不失民族的自信心，为国家贡献自己的力量。爱国工程师詹天佑就是这样一个人。

名家美文话格言

相关链接：是气所磅礴，凛冽万古存。——文天祥：《正气歌》

詹天佑 12 岁就作为中国第一批官办留美学生留学美国，1881 年以优异成绩毕业于耶鲁大学，写出题为《码头起重机的研究》的毕业论文，获学士学位，并于同年回国。1888 年，詹天佑由老同学邝孙谋推荐，到中国铁路公司任工程师。默默无闻了 7 年之久的詹天佑终于有机会献身于祖国的铁路事业。

张家口为北京通往内蒙古的要冲，南北商旅来往的必经之路，向来为兵家所必争，因此京张铁路有着重要的经济价值和政治价值。当清朝政府要修京张路的消息传出后，在华势力最大的英国志在必得，视长城以北为其势力范围的沙俄也誓不相让，双方争持不下，最后两国达成了协议：如果清廷不借外债，不用洋匠，全由中国人自修此路，双方可都不伸手。这样，清政府打消了求助于洋人的念头而一心自修。

1905 年 5 月，京张铁路总局和工程局成立，詹天佑为总办兼总工程师。詹天佑清楚地知道这一任务的艰巨性，他首先必须顶住来自各方面的冷嘲热讽——有人说他是"自不量力"，"不过浪费几个钱罢了"，甚至说他是"胆大妄为"。他给他的美国老师诺索朴夫人的信中就这样说："如果京张工程失败的话，不但是我的不幸，也是中国工程师的不幸，同时带给中国很大损失。在我接受这一任务前后，许多外国人露骨地宣称中国工程师不能担当京张线的石方和山洞的艰巨工程，但是我坚持我的工程。"这封信充分体现了詹天佑的自信与为国争光的责任感，充满了中国知识分子的爱国心和民族责任心。

京张铁路全线的难关在关沟，这一带层峦叠嶂，悬崖峭壁，工程之难在当时为全国所没有，世界所罕见。全线还必须打通居庸关、五桂头、石佛寺、八达岭 4 条隧道，最长的八达岭隧道 1 092 米。这不仅要有精确的计算和正确的指挥，还要有新式的开山机、通风机和抽水机。前者对詹天佑都不成问题，而后者当时全中国都没有，只能靠工人的双手，其困难程度可以想见。

京张铁路原定 6 年完成，在詹天佑的努力下终于提前两年于 1909 年 8 月 11 日全线通车。京张铁路的胜利完成，大长了中国人民的志气。有充分的信心发挥自己的能力，小到个人，大到国家都是如此。我们身在欣欣向荣的祖国，更要有充分的信心实现自己的目标，有充分的信心为国家作贡献。

相关链接：百学须先立志。——朱熹

名家美文话格言

相关链接：丈夫贵兼济，岂独善一身？——白居易：《新制布裘》

男儿铁石志，总是报国心

男儿铁石①志，总是报国心。

——戚继光：《寄书》

> **注** ①铁石：指像铁石一样坚硬。

●●●● 释义 ●●●●

男子汉有着如同坚铁硬石一样的志向，要为祖国贡献自己的力量。

戚继光是明朝的抗倭名将、军事家。他于福建、浙江、广州等地沿海率领军队与当地民众抗击来犯倭寇，历经十余年，大小八十余战，终于扫平了倭寇之患，成为我们国家的民族英雄。他所作的《寄书》诗，"寄书向知己，不解作家音。男儿铁石志，总是报国心"就很好地表达了他忠于祖国、报效祖国的心愿。

人可以有各种各样的志向，其中忠于祖国、报效国家就是崇高的志向，是爱国主义精神的具体表现。

爱国主义在公民道德体系中的意义与作用，从根本上说取决于社会发展的客观需求。在实行改革开放和发展社会主义市场经济的新的历史条件下，我国社会经济成分、组织形式、就业方式、利益关系和分配方式日益多样化，特别是随着信息技术的广泛应用和网络化进程的加快，我国社会生活的多样性还会不断增强。然而，不管社会生活多样性的趋势如何发展，作为一种公民基本道德规范，爱国主义始终是维系我国各民族群众的自尊心、归属感、责任感的基本价值认同。正如邓小平所说，凡是中华儿女，不管穿什么服装，不管是什么立场，起码都有中华民族的自豪感。在整个公民道德规范体系中，爱国主义之所以成为公民道德基本规范，是由多方面因素决定的。

由于生活环境、个人经历的差异，文化知识水平的不同和思想境界的高低差别等，人们爱国思想的自觉程度是有很大差别的，一般只有少数人能达到理性自觉的程度，也就是具有爱国主义思想，能做到爱国和爱社会主义的统一，更多人的爱国意识、观念则可能停留在审美情感或心理感知的层面上。只有具有自觉的爱国主义思想，立下忠于祖国、报效国家的志向，个人才能以突出的行动去为祖国、为人民作出贡献。

历史赋予我们当代中国人的使命，就是努力推动祖国的发展。我们既不能沉浸在文明古国的辉煌中品茶吟诗，也没有必要为近代史的屈辱而过分悲伤，即使在最艰难的年代，坚强的中国人民依旧对前途充满了信心。我们的着眼点应放在如何进一步发展上。社会主义制度是中国历史的必然选择，社会主义在中国的存在和发展，是一代一代的共产党人和无数的革命先烈爱国主义实践最集中的表现。我们要了解和熟悉中国的近代史和现代史，对今天中国的社会主义成果，要爱护她，发展她，不能做旁观者。珍惜前人用生命和劳动换来的爱国主义成果，是我们的义务，也是我们进一步为国家效力的根本。

让我们树立起矢志不渝的爱国信念、坚定的报国志向，为自己伟大的祖国贡献自己的力量。

身可危也，而志不可夺也

身可危①也，而志不可夺②也。

——《礼记·儒行》

注　①危：受威胁，受伤害。
　　　②夺：改变。

· · · · 释义 · · · ·

身体可以受到伤害，但志向是不能改变的。

《礼记》是秦汉之际的儒家学者根据孔子、孟子等关于政制、道德、法律等方面的言论主张整理编成的一部书，是儒家的经典之一。《儒行》篇是讲道德修养问题的，其中的"身可危也，而志不可夺也"，就是说要坚持正确的志向，把持志摆在比生命还要重要的位置。我国历史上有很多坚持自己的志向，不为威胁所动的例子。其中就有抗战时期梅兰芳蓄须明志的事迹。

京剧艺术大师梅兰芳不仅在戏曲舞台上塑造了许多体现中华民族美德的英雄形象，而且在人生的舞台上，也践行了"身可危也，而志不可夺也"的民族志气。抗日战争时期，《自由西报》的记者曾说，梅兰芳"一直实行着个人的抗战"。他高尚的民族气节，让人们崇敬。

日军占领上海后，梅兰芳由外地演出回沪后就闭门谢客。当时上海几

相关链接：安危不二其志，险易不革其心。——魏徵：《群书治要·昌言》

家戏院老板相继请他出来演戏，他都婉言谢绝。一群日伪分子和地痞流氓多次上门纠缠干扰，并声称："只要梅老板肯出来，金条马上送到府上。"梅兰芳都一笑置之。

1938 年春，梅兰芳率领梅剧团演职人员，由上海乘邮轮赴香港演出。演出结束后，梅兰芳决定留居香港，将剧团全部人员送回大陆后自己租住在香港于德道 8 号公寓，并毅然息演，过起了隐居生活。1941 年 12 月，当从收音机里听到日军偷袭珍珠港，太平洋战争全面爆发的消息时，梅兰芳对时局深感忧虑，从此蓄起了唇髭，梅兰芳演的是旦角，蓄须就表明了他坚决息演的决心。

1942 年，抗日战争处于最艰苦的相持阶段。侵占中国的日本帝国主义为了粉饰太平，麻痹中国人民的抗日斗志，筹划了所谓的"大东亚战争胜利"一周年纪念活动，妄图把梅兰芳请出来演出。驻港日军司令酒井打听到梅兰芳在香港，于是邀请梅兰芳在港搞一次庆祝活动，梅兰芳此时正火气上升，牙痛难忍，便请医生开了证明，婉言拒绝。年中，由于侵港日军不断纠缠，梅兰芳取道广州返沪，与家人团聚。从此，梅兰芳在沪闭门谢客，不参加任何演出活动。但是汪伪政府不依不饶，派了汉奸褚民谊赴上海，登门邀请梅兰芳参加"大东亚战争胜利"一周年的庆祝活动，率剧团赴南京、长春、东京等地巡回演出。梅兰芳听明来意后，指着自己的胡须说："我已经上了年纪，嗓子坏了，早已退出舞台！"褚民谊道："胡子可以剃掉，嗓子吊吊也能恢复嘛！"梅兰芳面对这个民族败类，露出了凛凛锋芒，他说："褚先生一向玩票，大花脸唱得不错，你当团长率领剧团去慰问，岂不更为合适！"寥寥数语，让这个大汉奸张口结舌，只得悻悻而去。

不久，日本华北驻屯军报导部部长山家少佐发出指示，把条件降低：不劳梅兰芳唱戏，只请他出来讲一段话便可。梅兰芳闻讯，在无可奈何之际，断然采取了应对措施：请来医师打了 3 针伤寒预防针，使体温升高，然后以重病为由再次拒绝。原来，梅兰芳只要打伤寒预防针，立刻便会发高烧。这伤寒预防针一打，果然见效，顿时浑身滚烫，卧床不起。梅兰芳突然患病的消息传出，侵华日军山家少佐不相信梅兰芳会患病发烧，立即电令日军驻沪海军部派人查明情况。很快，一名日本军医奉命出现于梅兰芳的病榻前，一量体温，果然高达 42℃。就这样，梅兰芳不惜人为地发高烧损伤自己的身体，再次抵制了日军的胁迫。

　　"身可危也，而志不可夺也"，梅兰芳即使因人为的高烧使自己憔悴不堪，也不愿自己的民族气节受损，表现出了中华民族的铮铮铁骨。我们每一个人，都要有这样的志气，为了正确的选择，不惧怕任何的威胁。

立志

相关链接：立志不坚，终不济事。——朱熹

士志于道，而耻恶衣恶食者，未足与议也

子曰："士志于道，而耻^①恶衣恶食者，未足与议也。"

——《论语·里仁》

> **注** ①耻：以……为羞耻。

●●● 释义 ●●●

孔子说："一个人如果真正立志于修道，却又怕自己穿的衣服不好，怕自己吃的东西不好，那和这个人就没有什么可谈的了。"

"士志于道，而耻恶衣恶食者，未足与议也"是《论语·里仁》中记述的孔子说的一句话，这里的"修道"不是出家当道士的道，而是儒家的道，就是以出世离尘的精神做入世救人的事业。一个人如果志于这个道，而讨厌物质环境艰苦的话，怕自己穿坏衣服，怕自己没有好吃的，进一步讲就是，立志于修道的人而贪图享受，就没有什么可谈的了。

关于道的论述与文章，自古以来可以说是不计其数，但从立志的角度来讲，孔子的话让我们领悟的就是，我们有了自己的目标志向以后，要心无旁骛，物质的享受是人较低层次的需要，在向目标前进的过程中，

名家美文话格言

相关链接：心无日月之明，志无雷霆之奋，不可与言学。——魏象枢：《庸言》

我们不能被物质的享受干扰到。

现在的社会，物质文化已经上升到了很高的程度，但是面对芸芸众生，很多人还是选择了放弃自己的优越生活而投身于帮助弱势群体的事业，"感动中国"人物丛飞是其中典型的一个。丛飞是一名歌手，他的数百万收入本可以支持他过着非常优越的生活，但是他十多年中向失学儿童捐助金额超过 300 万元，自己却过着一贫如洗甚至无钱看病的生活。

丛飞，原名张崇，1969 年 10 月生于辽宁省盘锦市大洼县庄台镇，初二辍学，后进入某银行担任出纳，带薪考入沈阳音乐学院。1992 年毕业后到广州闯荡，两年后来到深圳，1994 年 8 月应邀参加重庆举行的一次失学儿童重返校园义演，从此开始长达 11 年的慈善资助。那次演出中，观众席上坐的是几百名因家贫辍学的孩子，丛飞当时毫不犹豫地把身上所有的 2 400 元现金放进了捐款箱。主持人告诉丛飞："你捐出的这笔钱，可以使 20 个孩子完成两年的学业！"丛飞当时感觉到这是很有价值的事情。从此以后，他就开始不断地资助贫困山区的失学儿童，先后 20 多次赴贵州、湖南、四川等贫困山区举行慈善义演，为当地失学儿童筹集学费。

丛飞资助的孩子总数达到 178 人，除了汉族孩子外，还包括彝族、布依族、苗族、白族、羌族等少数民族的孩子。丛飞曾这样解释他捐助的动机："在山区时，我被他们的贫寒所震撼，看到他们穿不上衣，吃不上饭，我心里就难受，而当我听到这些孩子有书可读时，我就高兴。"他说，他最主要的愿望是让孩子有书读，让社会少几个文盲，少几个法盲。正因为他爱上了这些质朴、憨厚、勤劳的孩子，他的捐献才像滚雪球一样越来越大。在一些城市的商业演出中，丛飞已经小有名气，每场演出的出场费能够达到一万到两万元，多的时候一个月的收入可以到十几万元，资助孩子们的学费，对健康的丛飞来说，完全可以承担。但 2003 年非典后，丛飞的演出机会锐减，收入也就越来越少，给孩子们交学费时资金也紧张起来。当时为了及时给 100 多个孩子交上学费，丛飞先后从亲朋好友处借了 10 万元，在开学前如期给孩子们送去。

从 2004 年春天开始，丛飞的胃部经常剧烈疼痛，还时常吐血、便血，家里人和朋友们都劝他住院治疗。可丛飞拒绝了，只在门诊开了些口服药维持。2004 年 7 月，丛飞如约来到贵州，给孩子们送去了下学期的学费。只是，这笔学费中有很大一部分是他再次从朋友们手中借来的。当时，丛飞已经背负上了 17 万元的债务。2005 年 4 月，丛飞被诊断为胃癌，进入深圳市人民医院治疗。住院期间，丛飞仍惦记着他资助的孩子们，2006 年 4 月 20 日晚，因晚期胃癌致多脏器功能衰竭，丛飞溘然长逝，年仅 37 岁。

"从看到失学儿童的第一眼，到被死神眷顾之前，他把所有时间都给了那些需要帮助的孩子，没有丝毫保留，甚至不惜向生命借贷。"丛飞是我们时代的典范，其事迹表明，有志于"道"的人，可以抛弃自己的一切。

名家美文话格言

相关链接：丈夫志气薄，儿女安得知。——吕温

心随朗日高，志与秋霜洁

心随①朗日高，志与秋霜洁。
——李世民：《经破薛举战地》

相关链接：人无善志，虽勇必伤。——刘安：《淮南子·主术训》

注 ①随：跟随。

* * * * * 释义 * * * * *

心志像秋霜日光那样高洁明亮。

　　李世民是我国唐朝的第二位皇帝，唐朝基业的主要奠定者。在反隋斗争中，他曾率军在泾川大败薛举父子。他于贞观四年（630年）经过这旧时战场时，有感而写下了《经破薛举战地》这首诗。其中的这两句，充分抒写了他当时的胸怀壮志，意气风发。

　　作为一个国君，李世民立下正志，治理国家（见本书另一条"治天下者，必先立其志"）。作为一个个人，立志也必须高洁明亮，历史上很多有成就的人都做到了这一点。

　　我国古代，盛世与乱世交替，在缺乏现代社会主义新中国民主、法制、和谐的情况下，古代人更多地把希望寄托在明君与清官身上。而心志与秋霜一样高洁的官员，既有为，又清廉，大家最熟悉的，莫过于包拯了。

包拯少年家贫，28 岁取进士，历任知县、知府、监察御史、转运使、天章阁待制、龙图阁直学士知开封府、御史中丞、三司使、枢密副使等职，并出使过契丹，死后谥号为"孝肃"。包拯是北宋时期颇有名望的官吏，在普通人心目中他是清官的代表，百姓称之为"包青天"。

包拯心志高洁，最有代表性的体现在三个方面：

一是断案如神，秉公执法。包拯曾数次出任知县、知府（州），担任地方官。古代地方最高行政长官兼掌财政司法大权，知县知府都有断案的职责。包拯任天长县知县时，大小案件都审断精当，为民称道。

开封府原来规定，百姓到府衙告状不许直接进入公堂向知府递交状纸，而由"牌司"传递。"牌司"常索要钱财，甚至收受贿赂，阻拦受害人告状。包拯到任后，让百姓直接到大堂当面陈述，并且每逢坐堂都大门洞开，方便了要求申冤的百姓。更重要的是，包拯执法如山，有恶必惩，有冤必申，以致开封百姓把包拯比作铁面无私的阎罗，盛传"关节（即后门）不到，有阎罗老包"。

素来京官难当，权贵居住，盘根错节，关系复杂，地方官难以行使职权，主持公道。但包拯不避权贵，刚直不阿，秉公执法，为开封百姓所称道传颂。包拯离任时，按惯例在府衙门口的"题名牌"上刻上自己的名字和任职时间，许多年后，唯有包拯的名字被抚摸得又深又亮，表明人们对他的景仰。

二是直谏皇帝，弹劾官吏。包拯在京任天章阁待制、知谏院事期间，敢于犯颜直谏。他敬佩、效法唐朝的魏徵，自称"披沥肝胆，冒犯威严，不知忌讳，不避冤仇"。他多次当面批评仁宗朝令夕改、失信于民的行为，并谏请仁宗积极纳谏。对违法违纪官吏的弹劾，包拯更是不避亲疏、不避权贵。

三是体恤百姓，廉洁俭朴。包拯对贪官权贵毫不畏惧，对平民百姓则体恤有加。他担任天长县知县时见当地人民饮用江水常染疾病，便帮助当地民众凿井取水，当地人民曾刻石纪念。包拯多次上书恳请皇帝减免税役，减轻人民的负担，"减冗杂而节用度"。在户部和三司任职时，包拯曾出使四川，裁减军费，将当地人民负担减轻。开封附近的陈州地方官征收赋税时要求百姓折纳现钱，负担增加，包拯得知后下令制止。

凤翔路每年为中央造船 600 只，所需木材和人工使当地民户负担沉重，不少家庭因此破产，许多人因此自杀。包拯上疏皇帝，免除了凤翔百姓的这项负担。其他诸如灾荒赈济等行为更是不胜枚举。

包拯为官廉洁，生活俭朴，在宋代官场上绝无仅有。他为官二十余年，无论官位高低，一向勤俭节约，不置房产，并劝诫子孙廉洁正气。他曾刻石立家训："后世子孙仕宦有犯赃滥者，不得放归本家。亡殁之后不得葬于大茔之中。不从吾志，非吾子孙！"要求子孙世代遵行。

现在我们处在法制时代，各种丑恶现象都会得到应有的处理。作为我们个人，则更应该有高远正确的志向，为和谐社会的建设添砖加瓦。

相关链接：男儿四方志，岂久困泥沙。——石友

义之所在，身虽死，无憾悔

义之所在，身虽①死，无憾悔。
——《战国策·秦策三》

> **注** ①虽：即使。

••• 释义 •••

君子总是牺牲性命来完成名节，只要是大义所在，即使牺牲生命也无所懊悔。

"义之所在，身虽死，无憾悔"是出自《战国策·秦策三》中秦国丞相范雎所说的一段话："……商鞅臣事秦孝公，终身尽忠，绝无二心，公而忘私，赏罚分明，秦国大治，竭尽智能，表露赤心，然而却招致秦国人的怨恨和责怪，他为秦国而欺骗老朋友，俘虏魏公子卬，最后终于为秦国擒获魏将而大破魏军，扩充疆土达一千里之多。吴起臣事楚悼王，绝对不以私损公，更不用谗言来隐蔽忠节，每当遇到应行的大事，就不顾毁誉，一心要使君王成就霸业，国家富强，而且不畏一切灾祸和邪恶势力。大夫文种，臣事越王勾践，当君主陷于困辱惨境时，他忠心爱主而不懈怠，君王虽被敌人俘虏，仍然竭尽心智没有背弃国家，而且不夸耀自己的功劳，即使富贵也不骄傲。像以上这三位忠臣，可以说是义行极致的典范。所以君子总是牺牲性命来完成名节，只要是大义所在，虽然牺牲生命也不会懊悔。"义，是古代志士贤人所推崇的一种美德，现在我们讲的更多的是国家大义、民族大义。在国家大义、民族大义面前，个人的私利甚至生命都是无法相比的。

在中华民族几千年的历史中，为国家大义而献身的人可以说是数不胜数，在抗日战争中，这样的英雄更是不胜枚举。赵尚志是这些人中的一位，他为了国家大义忍辱负重，最终牺牲了自己的生命。

1932年冬天，赵尚志率领的游击队在巴彦山区多次击溃数倍于他们的日伪军队。由于赵尚志善于团结包括当地上层人物在内的一切抗日力量，所以他很快把抗日根据地从巴彦扩大到齐齐哈尔附近的镇赉等地，抗日势力迅速扩大。但是，当时执行王明极"左"路线的满洲省委，却认为赵尚志犯了"右倾错误"，并给予他撤销参谋长职务的处分。尽管赵尚志失去了指挥游击队的权力，但他仍然在困境中坚持工作。

1937年后，东北全境处于日伪的白色恐怖下，特别在面临日军对三江省（黑龙江合江地区）进行大规模冬季讨伐，抗联队伍发生变化的时刻，赵尚志也丝毫没有气馁。他在部队打到弹尽粮绝以后，受北满省委的派遣，越过黑龙江前往苏联设法寻求苏联的军事援助，没有想到由于苏方的误解竟会遭到扣押。1940年，当赵尚志刚解除扣押，重新受命担任东北抗日联军总司令，并准备率抗日联军与数倍于我的日军进行血战的时候，他却在苏联忽然接到北满省委关于永远开除他党籍的通知。这一决定让爱党至深的赵尚志如五雷轰顶，无法接受，但是此后他仍然一心投入到抗日事业中去，率领小分队坚持抗日斗争。他对周围的同志说，我生是共产党的人，死也要死在东北抗日战场上。

1942年2月12日，赵尚志在率领小股抗联战士对鹤立县梧桐河警察署进行偷袭的时候，遭到队伍内叛徒的暗枪射击，身受重伤，被俘后，他痛斥敌人，拒绝医治，壮烈殉国。赵尚志牺牲后，穷凶极恶的敌人割下了他的头颅，运到长春和在南满牺牲的另一抗日名将杨靖宇的首级一起陈列，把他的躯体扔进了松花江的冰窟中。

舍生而取义，"宁以义死，不苟幸生"。毛泽东曾赞扬说："有名的义

相关链接：忧国忘家，捐躯济难。——陈寿：《三国志·魏书》

勇军领袖杨靖宇、赵尚志、李红光等等，他们都是共产党员，他们的坚决抗日、艰苦奋斗的战绩是人所共知的。"赵尚志终于得到了高度的评价，他作为一名共产党员，战斗到了最后一息。

有志于道德，功名不足论也

有志于道德，功名不足论①也。
——晁说之：《晁氏客语》

> 注 ①论：讨论。

●●● 释义 ●●●

有志于培养道德的人，功名是不值得追求的。

"有志于道德，功名不足论也；有志于功名，富贵不足论也；有志于富贵，则其与功名背驰亦远矣"，这是晁说之《晁氏客语》中的句子。晁说之是北宋时期有成就的经学家与文学家。我国古代文人最多的追求便是功名，而晁说之在这里将功名放到了道德之后，认为功名在道德之前是不值得一提的。晁说之所说的道德是儒家伦理，与我们现在所说的道德是不同的，但是从另一个角度来看，一个人在追求理想时，如果为了更高远更有意义的理想而放弃对眼前利益、物质利益的追求，无疑是一种正确的选择。

改变自己的志向，追求更高远而有意义的目标，我国伟大的文学家鲁迅就做得非常好。

鲁迅1881年9月25日生于浙江绍兴的一个大户家庭，祖父考中进士，

名家美文话格言

相关链接：有骨不为土，应做直木根。——孟子：《吊比干墓》

曾在京城做官，父亲也曾考中秀才。鲁迅13岁时，家里遭到一场很大的变故，鲁迅的祖父因涉嫌科场舞弊，案发被捕入狱，家道从此败落下来。祸不单行，鲁迅的父亲又得了肺病，经常吐血。因为当时医疗水平较低，始终也不能确诊，再加上家道败落，不能拿出更多的钱来治病，就按照绍兴民间的土办法来止血，但是都没有效果。后又请当地的中医来诊治，吃了不少中药，还用了一些稀奇古怪的药引，最终也没能挽回父亲的生命。

鲁迅因此立志学医，准备学成后"救治像我父亲似的被误的病人的疾苦"。于是他便到日本仙台医学专门学校学习医学。

鲁迅在仙台学习的第二年碰到了一件事情。一次上细菌学课，需要用"电影"（幻灯片，当时称电影）来显示细菌的形状和活动情况。教师讲完后，还没到下课时间，便放了几段时事片子，内容是不久前刚结束的日俄战争中的一些事件，其中有一段讲的是：日军抓了一个中国人要处死，说他的罪名是做了俄国的间谍，刑场四周围了很多身强力壮的中国人在看热闹……这时，有的日本学生狂呼"万岁"，有的斜着眼睛看着鲁迅，议论说，"看看中国人这样子，中国一定会灭亡"。面对此情此景，鲁迅浑身像被炙烤一样，他再也坐不住了，猛地站起来，夹起书本愤然走出教室。

鲁迅被这件事深深触动了，他想：日俄两国为了争夺势力范围，在中国的土地上进行的战争，是对中国主权的蹂躏，而中国人在自己的土地上却因为替俄国人做事而被日本人杀死，被杀的时候还引来了中国人的围观。腐败的清王朝是如此丧权辱国，人民又是如此麻木，这些都是中国落后的根源。看来，学医并非一件紧要的事情，如果中国人思想不能觉醒，即使体格再怎么强壮，还不是被帝国主义者抓去杀头，只能成为示众的材料和麻木的看客。人的生老病死在此时倒不是主要的，主要是在于改变人们的精神，要唤醒人们，中国才能有希望。但是用什么办法才能唤醒民众，改变人们的精神？鲁迅认为，当时的海外留学生中，有学法律的，有学医的，有学机器制造的等等，这些只能在某一领域有所作为，而不能改变人们的精神。要改变人们的精神，首推文艺。文艺能够改变人们的思想，提高人们的觉悟，能够把沉睡、麻木的人们唤醒，能够激发人们的爱国热情。人们觉醒了，中国就有改变的希望了。

于是鲁迅下定了从文的决心，没过多久，他就离开仙台医学专门学校，到了东京，联络了几个志同道合的朋友，筹办文艺杂志并从此开始了他的文学创作生涯。在以后的日子里他写了大量的杂文和小说，成为我国现代最伟大的文学家。

鲁迅学医的志向是很好的，但是在当时的环境下，他发现了于国于民更好的志向，这时候学医就变成不足道的事情了。我们选择理想，也要选择于自己可行，而又更加高尚的理想。

相关链接：男儿千年志，吾生未有涯。——文天祥

志不真则心不热，
心不热则功不紧

志不真①则心不热，心不热则功不紧。

——颜元：《颜习斋先生言行录》

> **注** ①真：真诚。

••• 释义 •••

志向不真诚，内心就难以产生热情；内心缺乏热情，事情就难以抓紧。

颜元是明末清初杰出的教育家。他深刻地批判了程朱理学脱离实际的书本教育，竭力提倡"实学"和"实用"的教育。他的教育思想对中国近代教育的发展，起了革新的作用。"志不真则心不热，心不热则功不紧"这句话，指出了志向真诚的重要性，要立下正确的志向，这样才有强大的动力去努力实现自己的目标。

我国著名的全国劳动模范包起帆，就是一位志真、心热、功紧的典型人物。

包起帆 17 岁时，进入上海港第四装卸作业区当了一名装卸工。由于木材装卸机械的落后，人工操作的成分多，码头上经常发生伤亡事故。以1958年到1968年10年间统计，木材装卸事故频生，死亡14人，受伤546人。木材装卸，成了海港安全生产的一大难题。包起帆目睹身边发生的一切，心头似鞭抽刀剜，立下誓言："我一定要制服'木老虎'！"

包起帆在长期的装卸实践中，琢磨出一个道理，制服"木老虎"的办法就是实现人木分离的机械化作业，他从码头上用抓斗抓黄沙、煤炭的装卸作业中得到启发，黄沙、煤炭可以用抓斗装卸，又粗又长的原木能否也用抓斗抓呢？于是，他开始了学习、研究和试验。图书馆、科技情报站，都有他的足迹，木材、交通运输、铁路等部门和单位，也时常见到他的身影。他的大脑思维尽是"抓斗"。星期天，节假日，是他搞革新的最好时间，他用马粪纸做成了各种各样的抓斗模型，甚至还把家里的缝纫机零件拆下来做试验。

木材抓斗的关键之一就是要设计一种全行程的起闭机关，用来控制抓斗的开闭。起先，好多次的试验都失败了，但他并不灰心，仍是朝思暮想，不断琢磨。一次他到北京开会，会上发给每人一支圆珠笔，他在手上一撳一撳，那笔芯一伸一缩，看着看着，一个念头突然在他脑海里产生，圆珠笔的伸缩原理不是可以移植到木材抓斗中去吗？苦苦思索了许多天的难题一下子可望解开，他兴奋极了，连忙把圆珠笔全部拆开，一看零件并不多，但却一时捉摸不透究竟是什么原理。回到上海，他几次三番到丰华圆珠笔厂去请教，一开始厂里的同志还认为他是制笔同行"窃取"技术情报的，不肯告诉他。后来弄清了他的真实身份，又见他是真心诚意学技术的，才满足了他的要求并帮助他弄清了这个伸缩的原理。然后，包起帆几经周折终于试制出木材抓斗。经过不断的改进与试验，木材抓斗终于研制成功了。船舱内不需要人工作业了，实现了人和原木的分离，这样就避免了过去经常发生的工伤事故。

包起帆创造了一系列木材抓斗之后，并未停滞不前。他先后发明成功了15吨滑块式单索多瓣抓斗、15撳轻转轮式单索木材抓斗、异步启闭废钢块料抓斗、半剪式散货抓斗等，成了名副其实的"抓斗大王"。进入新世纪，包起帆走上领导岗位，先后担任了上海港务局副局长和上海国际港务副总裁。岗位变了、职务高了，但"抓斗大王"的创新没有停步。首先是"自我否定"：新世纪不再是抓斗的世界，上海港必须由机械化向数字化、

071

智能化、自动化迈进。此时，包起帆的眼光牢牢定格在高科技创新项目上。

令人感动的是，20多年来，包起帆始终坚持一条原则，就是把自己搞发明、搞创新获得的各类奖金和国务院专家津贴全部捐送给企业伤残职工和困难职工。"我唯一的愿望是让人力装卸的历史在我们这一代人手中结束"，"眼光有多远，事业就有多大，胸襟有多宽，队伍就有多强"，这就是包起帆心中的成功之道。

树立起为人民服务的志向，我们才能够充满热情，投入到为人民服务的伟大实践中去。

志士不忘在沟壑，
勇士不忘丧其元

志士不忘在沟壑，勇士不忘丧①其元②。

——《孟子·滕文公下》

相关链接：士求自立，当自不忘沟壑。——陈康祺：《燕下乡脞录》

注
　①丧：失去。
　②元：头颅。

····· 释义 ·····

　　有志之士不忘记战士应该死在深沟大壑里；勇士不忘记英勇作战要准备失去头颅。

　　"志士不忘在沟壑，勇士不忘丧其元"，这是孟子讲过的一句名言。朱熹在《孟子集注》中写道："志士固穷，常念死无棺椁，弃沟壑而不恨；勇士轻生，常念战斗而死，丧其首而不顾也。"这句话今天用来形容有为正义而献身的思想准备，也比喻人得志之后不忘过去贫贱的日子。

　　在我们国家的历史上，为了国家、民族的利益而"不忘沟壑，勇于献身"的志士大有人在，其中"头颅可断腹可剖，烈忾难消志不磨"的杨靖宇就是杰出的一位。

　　1927 年 5 月，杨靖宇加入中国共产党，1929 年春，到达东北，化名张贯一，任中共抚顺特别支部书记，组织煤矿工人进行反日运动。在组织运动中，杨靖宇被日本警察署抓捕入狱两次，受到日本军警的严刑拷打，但其始终不承认自己是共产党员和从事反日运动。九一八事变后，杨靖宇被营救出狱。1932 年，杨靖宇在东北组建了中国工农红军第三十二军南满游击队，以吉林省磐石县红石砬子为根据地从事抗日运动，很快建立了那尔轰、金川、河里、集安、老岭山区和辽宁老秃顶子山等抗日游击根据地，给日军以沉重打击，极大地推动了东北地区抗日运动的发展。

侵华日军看到抗联势力的不断壮大，感到十分恐惧，在 1938 年下半年调集重兵对抗联进行"围剿"，并以万元巨金悬赏杨靖宇头颅。1940 年初的 50 多天里，杨靖宇率抗联战士与日军作战 40 多次，在日军的疯狂"围剿"下，抗联陷入困境，几乎弹尽粮绝，战士们只好以草根、树皮充饥，甚至将衣中棉絮掏出来吞咽。日军千方百计诱其投降，但杨靖宇坚定地表示："为了中华民族的解放事业，头颅不惜抛掉，热血可以喷洒，而忠贞不贰的意志是不可动摇的。"

在战斗异常艰难的状况下，杨靖宇将抗联编成几股小部队，分散活动，保存实力。他率 400 多名抗联战士准备突围，因叛徒的告密，日军很快就发现了他们的行踪，为使部队安全转移，杨靖宇决定再一次分散突围，自己率一部分抗联战士牵制日军。1940 年 2 月 23 日，经过几次战斗后，杨靖宇负了伤，身边只剩下几名战士。日伪军追踪杨靖宇的血迹，很快将杨靖宇与几名抗联战士包围，此时的杨靖宇已经数日粒米未进，身体虚弱到了极点。敌人的"讨伐队"围了上来，呼喊着要他投降，杨靖宇沉着地掏出双枪向日伪军射击，击毙数名敌人。敌人想抓活的，停止射击高声劝降。他没有应声，乘机烧毁文件，又向敌人开枪射击。敌人活捉杨靖宇的希望落空后，向他疯狂扫射，杨靖宇身中数弹，壮烈牺牲。杨靖宇牺牲后，日军割下其头颅，又剖开遗体的腹部，发现他的胃里除了没消化的树皮、草根和棉絮外，竟没有一粒粮食，这令残暴的敌人都感到十分震惊。

杨靖宇"勇士不忘丧其元"，成为中华民族的英雄。我们所处的时代虽然不需要我们"不忘沟壑"，但是树立正确的人生观、价值观，敢于在关键时刻挺身而出，得志之后不忘过去贫贱的日子，还是非常重要的。

全国劳动模范吴仁宝就是这方面的典范。

　　1961 年，江阴华西村正式组建，33 岁的吴仁宝任村支部书记。当时的华西叫生产大队，下设 10 个生产队，人口 667 人，可耕地 841 亩。12 个小自然村落破破烂烂。茅草房，泥垛墙，羊肠小道弯弯曲曲，贫瘠的土地七高八低。吴仁宝决心带领大家艰苦奋斗，彻底改变华西贫穷的面貌！此后，华西人在吴仁宝的带领下，顶风雪，冒严寒，战天斗地，一步步改造着华西的面貌，被人称为"做煞大队"（意为干活苦死了）。到 1972 年，华西搬掉了 984 条田岸，削平了 57 个土墩，填平了 39 条废河沟渠，挑走了 110 万立方米土，把原来 1 300 块七高八低的零星田块，改造成 400 多块能排能灌

的高产稳产大田，当年实现亩产突破 1 000 千克，提前 8 年实现了华西十五年规划。到改革开放前的 1976 年，华西亩产猛增到 1 352 千克，工副业达到 28 万元，村集体积累 60 多万元。华西由"做煞大队"变成远近闻名的幸福村、先进村。

改革开放，给了吴仁宝巨大的动力。从上世纪 80 年代开始，他带领华西人民进行突飞猛进地建厂。到 2007 年年底，华西的工业总产值已达到让世人瞩目的 400 个亿！然而，吴仁宝的家，还是一座建于上世纪 70 年代的二层民居，淡蓝色涂料刷的墙，棕黄色的木门，普通得不能再普通。客厅里，几把藤椅、两个沙发，茶几上一部只能拨号的电话，墙角的桌子上一台 18 英寸的旧彩电，墙皮斑驳，有的地方已经脱落；卧室里，一张木床，墙上木板破了好几个洞，大的可以放进整个手掌，小的也可以放进一个拳头。住旧屋的老人，就是那位带领全体村民挣下百亿资产的老人；睡破房的老人，就是那位对上级奖励的 5000 多万奖金分文不取、全部交给村里的老人；吃咸菜、豆腐的老人，就是那位"三不"老人：不拿全村最高工资，不拿全村最高奖金，不住全村最好的房子。他让人们看到了得志之后不忘过去贫贱，"志士不忘在沟壑"的心底无私。

相关链接：丈夫清万里，谁能扫一室。——刘希夷：《全唐诗·相和歌辞·从军行》

治天下者，必先立其志

治①天下者，必先立其志。

——程颢：《明道先生文集·论王霸劄子》

> **注** ①治：治理。

●●●●**释义**●●●●

要想治理天下，必须首先树立治理天下的志向。

程颢与他的同胞兄弟程颐并称"二程"，二人都是北宋教育家、哲学家，程朱理学的奠基人。熙宁元年（1068 年），程颢向新即位的宋神宗上了《论王霸劄子》。其中写道"故治天下者，必先立其志。正志先立，则邪说不能移，异端不能惑，故力尽于道而莫之御也"。意思就是要想治理天下，必须首先树立治理天下的志向。而这个志向必须是正确的志向，这样才能不为异端邪说所蛊惑，不为奸佞之臣所蒙蔽，才能够带领国家走上正确的道路。

在古代，一国之君是否有正志，是否有作为，对整个国家的影响是非常大的，所以自古忠臣良相都力谏君主要有正确的志向。很多君主立下正志也把国家带上了繁荣的轨道。创造贞观盛世的唐太宗李世民便是其中的佼佼者。

李世民即位之初，政局并不乐观，连年灾害，经济凋敝；朝廷、地方行政积弊重重，难以遏反；北方强敌突厥一直威胁边境，不时侵犯，甚至乘机出兵进逼京师。面对危局，唐太宗头脑清醒，信心十足，锐意改革，励精图治。

　　既富且强的隋政权，在农民战争的暴风雨中迅速灭亡，前车覆辙之鉴使他"震恐怵惕"。他经常和臣下讨论历史治乱兴亡，尤其是隋亡的教训。"君者，舟也；庶人者，水也。水则载舟，水则覆舟"，这一古训使他明确认识到：欲治理天下，必须以古为鉴，因此他立志践行"民为贵，

君为轻"，以民为本建设国家。在决定治民大计时，他采纳了魏徵等人的宽缓治民的让步政策，制定了"去奢省费，轻徭薄同赋，选用廉吏，使民衣食有余"的治国方针。李世民还委任宰相长孙无忌、房玄龄修订律令，废除古时留下的不合理的死刑，变重刑为轻刑，并要求官吏严格依法而行。对于用刑，尤其是死刑，务求慎之又慎，要求有关部门必须经反复审核方准行刑。这些措施，对于缓和阶级矛盾，安定人心，恢复发展生产，起了极大的促进作用。

李世民还认识到，一人不能遍知天下之事，不能独断天下之务，治政之由，要在择官，要亲贤远奸，举贤任能。即位之后，他及时改组政府，斥逐了一批保守贵族大臣，任用了一批出身寒微、了解民情、有政治军事才干的普通地主和知识分子，甚至破格提拔一些劳动者中的杰出人物，授以要职，委以政事。他很注意调节君臣关系，降低自己的威仪，谦和待下，尊重大臣们的意见，军国大事多与大臣们反复商议后才决定。由于他切实地采取了任人唯贤的用人路线，在他统治期间，朝中可谓人才济济，盛况空前。

作为封建帝王，唐太宗最杰出之处莫过于纳谏。他在强烈的危亡感与求治愿望的激励下，不但能豁达大度，从谏如流，而且还奖励群臣进谏。因而在他朝中出现了君主乐于纳谏，臣下敢于直谏的良好政治空气，这在封建社会历史上是罕见的。纳谏使太宗在制定政策时在很大程度上减少了失误，良好的政治风气带来了国势的强盛。

唐太宗即位期间，经济复苏、社会安定、民族和睦，中国和亚洲各国的交通畅通，政治、文化和经济的交往越来越频繁。当时的京都长安，不仅是国内的大都会，还是世界性的大都会。那时与唐朝交往的国家达到了七十多个。通过广泛的交流，许多外国的植物品种传入中国。外国的音乐、舞蹈和美术中的凹凸绘画也在这一时期传到了中国。还有景教、伊斯兰教也在这时传入，它们在传播外国优秀的文化方面，起了重要的媒介作用，对中国的哲学、文学、艺术和人民生活等方面的发展，产生了深刻的影响。

现在，我们国家正走在中国特色社会主义的民主、法制大道上，早已摆脱了靠一个明君、几位忠臣的局面，我们每个人都要立正志为国家贡献自己的力量。而对于个人而言，在立志时须立正志，也是毋庸置疑的。

立志

志须远

远大的目标才能使你的人生更加辉煌，为了这样的志向而奋斗，每一次努力都是值得骄傲的。

不鸣则已，一鸣惊人

不飞则已，一飞冲天；不鸣①则已，一鸣惊人。

——司马迁：《史记·滑稽列传》

注 ①鸣：喊叫。

●●●● 释义 ●●●●

　　不飞也就罢了，一飞就直冲云霄；不叫也就罢了，一叫就发出惊人的声音。

　　"不飞则已，一飞冲天；不鸣则已，一鸣惊人"，这句话出自《史记·滑稽列传》中齐威王与淳于髡的谈话。而在史记的《楚世家》中类似的话也出现了一次，那就是楚庄王所说的"三年不飞，飞将冲天，三年不鸣，鸣将惊人"。按时间顺序，楚庄王在前，所以现在成语中的"一鸣惊人"出处就是楚庄王了。而从故事来看，楚庄王与齐威王一鸣惊人的事迹也非常相似。

　　楚国在楚成王时已是南方的首领。公元前613年，楚穆王死后，楚成王的孙子做了国君，就是楚庄王。晋国相国赵盾乘着楚国正在办丧事，召集了宋、鲁、陈、卫、郑、蔡、许七国诸侯，重新订立盟约，晋国做了盟主。

　　楚国的大臣不服气，一而再，再而三地请楚庄王去争霸主地位，无奈楚庄王不听那一套，日日夜夜作乐，什么国家大事，全不放在心上，就这样过了三年。他知道大臣们对他的作为不满意，还下了一道命令：谁要是敢劝谏，就判谁的死罪（有敢谏者死无赦）。

　　后来有个叫伍举的大臣进谏，此时楚庄王正坐在钟鼓之间，怀抱着美女。伍举说："有一只鸟在于阜，三年不飞不鸣，是什么鸟啊？"楚庄王答道："三年不飞，飞将冲天；三年不鸣，鸣将惊人。你退下吧，我知道了。"但是其后的几个月，作乐却越来越厉害了，大夫苏从于是也进谏。楚庄王说："你不知道我的禁令吗？"苏从说道："只要大王能够听我的意

相关链接：大鹏一日同风起，扶摇直上九万里"——李白：《上李邕》

相关链接：学者欲去昏惰之病必以立志为先。——真德秀

见，我就是触犯了禁令被判死罪，也是心甘情愿。"

楚庄王从此停止作乐，开始认真治理国家，"所诛者数百人，所进者数百人，任伍举、苏从以政。国人大悦，是岁灭庸"。没有几年工夫，楚国就富强起来了，并和晋国争夺霸主的地位。公元前 579 年，楚国跟晋国大战一场获得了决定性的胜利，楚庄王也成为春秋五霸之一。

现在我们讲到"不飞则已，一飞冲天；不鸣则已，一鸣惊人"这句话，总是将它与"有志者事竟成"联系到一起。但是在这里，"一飞冲天"，"一鸣惊人"，实际上是效果，是结局，是立志践行最终成功的那个时刻。而从立志的角度来看，在这句话的背后，我们更加应该注重的，更加耐人寻味的，却是"三年不飞"，"三年不鸣"中的秘密。

从楚庄王的故事来看，他之所以"三年不飞"，"三年不鸣"，当然不是不想飞，不愿鸣，而是基于自己当时身为国君面对的现状，基于当时楚国朝政被潘崇专权及人才陈旧、积重难返等实际情况而不得不如此。

很明显，楚庄王下诏拒谏就是要看一看有没有真心来劝谏的大臣；以死相威胁就是要看一看有没有真正不怕死的忠臣；奢侈淫逸、日夜作乐就是要故意显示自己胸无大志，看哪些大臣肆无忌惮，把一切败德恶行暴露无遗，看哪些大臣洁身自好，清廉为官。这一点，只需从他理政后杀数百个过去的官员，并任用了数百个新的官员这一事实来看就是非常清楚的了。

仔细考究历史事实，尽管《史记》等古籍记载是很简略的，且颇具传奇色彩，但联系楚穆王死后的楚国动乱政局及稍后若敖氏叛乱看，楚庄王即位后"自静三年"（贾谊《新书·先醒》），外不启北门，内整肃朝政，是有其苦衷的。从这一点我们更可以看出，楚庄王的一鸣惊人，的确是以三年的不飞，韬光养晦作为铺垫的。有趣的是，据《史记》记载，比楚庄王晚两百多年的齐威王几乎采用了一模一样的手段使齐国振兴，称霸天下几十年。

由此可见，立志须有远略，要运用正确的方法来达到自己的目标。邓小平同志一再告诫我们："中国要韬光养晦。"现在我们国家一直强调和平崛起，这些都是非常正确的战略。

相关链接：猛志逸四海，骞翮思远翥。——陶渊明：《杂诗》

虎豹之驹，
未成文而有食牛之气

虎豹之驹①，未成文②而有食牛之气；鸿鹄③之鷇④，羽翼未
全而有四海之心。

——尸佼：《尸子》

注

①驹：未成年的小兽。
②文：即"纹"字。在此指虎豹身上的斑纹，这是其成年的标志。
③鸿鹄：大雁和天鹅。
④鷇（kòu）：初生的小鸟。

●●●●释义●●●●

虎豹在幼小的时候，尚未长出成年的斑纹，但是它已经有了吃
牛的生气；鸿鹄在幼小的时候，羽翼尚未长成，但已有遨游四海的
远大志向。

尸佼是战国时的思想家，魏国人（一说鲁国人）。他精通刑名之术，
被称为"尸子"，曾参与商鞅的变法活动，他的思想受黄老思想影响较大。
《尸子》是尸佼的著作，在汉代被列入杂家，到宋代改列为儒家，此书早
已失传，现存的《尸子》是清代人的辑佚本。"虎豹之驹，未成文而有食
牛之气；鸿鹄之鷇，羽翼未全而有四海之心"，这段话用比喻的手法，说明

人从小就要树立起雄心壮志，从而才能够成大业。

我国古代，有许多英雄人物都是从小立志，长大后终成大业的，楚霸王项羽就是其中有名的一个。

《史记·项羽本纪》说项羽"少时，学书不成，去学剑，又不成"。其叔父项梁因此不满他，项羽说："书足以记名姓而已。剑一人敌，不足学，学万人敌。"于是项梁教他兵法，但项羽略知大意以后，便不肯全部学完。后来项梁因为杀了人，连同项羽逃亡到吴中（今江苏南部）躲避仇人。秦始皇巡游会稽(郡治在今江苏苏州) 时，项羽跟项梁一起旁观皇帝出巡，说"彼可取而代也"，吓得项梁急掩其口，从此对项羽另眼相看。可以说，项羽年少之时，就已胸怀天下，可谓"鸿鹄之鷇，羽翼未

全而有四海之心"。

秦二世元年（前209年）七月，陈胜吴广起兵反秦，到了九月，会稽守殷通打算反秦，找项梁商议，但项梁和项羽杀了殷通，自行举兵反秦，不久便召集了精兵8 000人。项梁自任为会稽守，项羽则任裨将。后来项梁率领8 000人渡过长江，得到一些反秦军队的归附，兵力增至六七万人，进驻下邳。项梁采纳范增的建议，在民间找到楚怀王嫡孙芈心，立他为楚王，仍号怀王，以争取楚人民心。

公元前207年，项羽进兵巨鹿，命令部下在渡河后砸碎锅，凿沉船只，意谓不得胜就死，后世称之为"破釜沉舟"，即决一死战的意思。最后项羽九战九胜，以属下2万余人大破秦军30万。其他反秦诸侯军望风归附，项羽在辕门召见时，全部吓得跪行，无一敢抬头看项羽。项羽成为诸侯上将军，为各路诸侯军队的统帅。后来项羽进入关中，自立为王，并与刘邦开始了楚汉之争。

公元前202年初，汉军分三方共40万在垓下以十面埋伏之势围住项羽

军队，并让士兵以楚地方言唱歌，让项羽军误以为他们的家乡已经被汉军掌握。这"四面楚歌"之计，使项羽的军队军心涣散。不久，楚军粮尽，兵员大减，项羽和他宠幸的虞姬对饮账中，酌酒悲歌，唱出了著名的《垓下歌》。虞姬拔剑起舞，舞罢自刎。项羽率800余精锐骑兵决定突围。汉军以5 000骑兵紧追不舍。渡过淮水以后，项羽的骑兵只剩下100多人。后项羽退至乌江，乌江亭长预备了船给他渡江，但项羽说他以前带领江东8 000子弟渡江，如今竟无一人可以回来，没有面目见江东父老，所以不肯渡江，自刎而死。

《史记》作者司马迁在书中批评项羽："自矜功伐，奋其私智而不师古，谓霸王之业，欲以力征经营天下，五年卒亡其国，身死东城，尚不觉悟而不自责，过矣。乃引'天亡我，非用兵之罪也'，岂不谬哉！"但是司马迁在史记中仍然把项羽的传记列为本纪，与历代中国最高统治者平级，是唯一享此殊荣而无帝王（后）头衔的人。

项羽性格刚烈，甚至刚愎自用，最终落得失败的下场，但是他作为年少立志、勇于作为的典范被人们千古传颂。

会当凌绝顶，一览众山小

会当^①**凌绝顶，一览众山小。**

——杜甫：《望岳》

> **注** ①会当：（唐代口语）一定要。

••••• 释义 •••••

一定要登上泰山的顶峰，那时向四周眺望，重重山峦看起来定会显得渺小。

"岱宗夫如何？齐鲁青未了。造化钟神秀，阴阳割昏晓。荡胸生层云，决眦入归鸟。会当凌绝顶，一览众山小"，这首《望岳》是现存诗圣杜甫诗作最早的一首。

开元二十三年（735年），杜甫由江南赶回东都洛阳参加了一次科举考试。这次考试的主考官是当时特别有名望的善于选拔人才的孙逖。考前，杜甫自视甚高，甚至连屈原、贾谊、曹植、刘桢这样一些古代大文学家都不放在眼里，但现实却和他开了一次玩笑。贾至、萧颖士、赵骅等人都考上了，杜甫却落第失败。杜甫虽然感到懊恼，但当时少年气盛，考场得失并未十分在意。第二年他开始漫游齐赵，这首《望岳》诗就是在开元二十五年（737

名家美文话格言

相关链接：与天地兮同寿，与日月兮争光。——屈原：《九歌·涉江》

年）去泰山时所作。泰山为五岳之首，近岳而望，尚未登岳，所以题为《望岳》。这首诗描绘了泰山高大磅礴的气象，以及想象自己登顶后的心情，洋溢着年轻人特有的蓬勃向上的朝气。"会当凌绝顶，一览众山小"是这首诗中的千古名句，从中可以看到诗人杜甫不怕困难，敢于攀登绝顶俯视一切的雄心和气概。这正是杜甫能够成为一个伟大诗人的关键所在，也是一切想有所作为的人们所不可缺少的。这两句诗千百年来一直为人们所传诵，至今仍能引起我们强烈的共鸣。

诗圣杜甫少时豪气冲天，写出了"会当凌绝顶，一览众山小"的绝句。杜甫还写过两首《望岳》诗，分别是中年游华山和晚年游衡山的作品，由于不同的人生阶段和际遇，可以看出杜甫诗风的转变。所以说杜甫也有畅快淋漓、喜极而狂的时候，只是很少。杜甫是伟大的写实诗人，他的作品中有深刻的现实生活的内容，大气磅礴地反映了唐王朝由盛转衰的历史过程和社会面貌，同时也以大量的抒情诗塑造了一个忧国忧民、深沉执著、百折不回的积极入世的老儒形象，这就是杜甫自己，他不是迂阔的腐儒，而是具有多面的性格。

要彻底抒发"会当凌绝顶，一览众山小"的豪气，展示现在中国的不断奋起，我们需要的更多的是睥睨一切的勇气，当然这种勇气要建立在有实力的基础之上，在这样的条件下，我们要敢于挑战，敢于进步。

现在，我们的国家出现了很多这样敢想敢为的年轻人，其中有一位是非常突出的代表，他就是刘翔。刘翔是我国出色的田径运动员，他在男子110米跨栏的项目上获得了奥运会冠军、世锦赛冠军，并打破了世界纪录。刘翔用无可争议的事实和成绩，用罕见的荣耀和奇迹，证明了自己世界男子跨栏第一人的称号和地位。刘翔之前，中国田径"阴盛阳衰"，曾经的优势项目大多来自女子项目。尽管中国田径曾经有过一些项目的辉煌，但大起大落也让中国田径饱受非议和怀疑。当时，为数不多的所谓中国田径的优势项目也是风光不再、惨淡经营，男子短距离直道项目，许多中国运动员甚至连想都不敢想。刘翔则一个人跨越了这些障碍，成为可以冲进世界田径"黑人短跑精英俱乐部"、打破黑人垄断铁幕，并且在其中稳坐一把交椅的非黑人运动员。作为一个黄皮肤的中国人，他给中国、乃至亚洲带来了荣誉。

这些成就的取得，与刘翔本身的实力与刻苦的训练是分不开的，与祖国人民的支持是分不开的，也与刘翔本身所具有的超强的自信，"会当凌绝顶，一览众山小"的气概是分不开的。刘翔在夺得世锦赛冠军后说道："只有我可以打败我自己，我只是想把中国男子田径短道失去的拿回来，今后还要拿回更多，争取击败他们更多次，让他们知道什么是亚洲速度！"

相关链接：劝汝立身须苦志，月中丹桂自扶疏。
——刘兼

器大者声必闳，
志高者意必远

器大者声必闳①，志高者意必远。
——范开：《稼轩词序》

> 注　①闳：宏大。

●●●● 释义 ●●●●

大的乐器声音必然宏大，志向高远的人，他所写作的诗文必然思想博大精深。

范开是南宋文士，辛弃疾的门人。《稼轩词序》是他给辛弃疾的词集所作的序。"器大者声必闳，志高者意必远"是序的开头两句。辛弃疾一生"以气节自负，以功业自诩"，所以他的词作唱出了时代的最强音。这两句话是对辛弃疾词作的高度评价，也为后世立志之人标出了范例，这就是立下了高远的志向，眼光也就会长远，抒发自己情怀的时候也能够考虑更多的情况，从而更好地去完成自己的志愿。

辛弃疾，南宋词人。他出生时，山东已为金兵所占。尽管辛弃疾出生在金朝统治之下的北方，但他自小受到祖父影响，心系南宋，怀有爱

相关链接：执志不绝群，则不能臻成功，铭弘勋。——葛洪：《抱朴子·外篇·广譬》

国之情，立志推翻异族压迫，实现祖国统一。为此，他很早就投身到抗金斗争中去。他21岁时，便聚义民2 000余众参加耿京队伍，矛头指向金政权。后来事变，他又独带50余骑，于5万敌军之中，孤胆擒缚叛徒张安国。归南宋后，他和陆游一样，是坚决主张恢复北伐的代表人物。他用以民为本的思想看待北伐事业，他说："恢复之事，为祖宗，为社稷，为生民而已，此亦明主所与天下智勇之士所共也，顾岂吾君吾相之私哉！"（《九议》）他还用战略家的眼光，根据敌我双方的实际情况，提出抗敌救国的三原则："一曰无欲速，二曰宜审先后，三曰能任败。"（《九议》）

辛弃疾平生自诩有济世报国之才，而他的过人胆识，雄伟的志向又使他不甘平庸一生。反映到艺术创作中，他的词风格豪迈奔放。辛弃疾具有一般作家所不具备的戎马生涯，他首先是一个爱国斗士，然后才是一个词

名家美文话格言

相关链接：立志须存千载想，闲谈无过五分钟。——沈钧儒

人，因而他的爱国词最自然真切。辛弃疾的众多词作有力地抒写了力图恢复国家统一的爱国热情，有的对南宋上层统治集团的屈辱投降进行揭露和批判，有的吟咏祖国大好河山。艺术风格多样，以豪放为主，热情洋溢，慷慨悲壮，笔力雄厚，意境悠远，与苏轼并称为"苏辛"。

同是作为豪放派的词人，苏轼似乎参透了人生，生死成败不计于心，所以他的词达观潇洒、不乏诙谐。而辛弃疾则"以气节自负，以功业自期"，执著于人生理想的追求，所以他的词中时时流露出壮志未酬的沉郁、悲愤和愁苦。

虽然"器大者声必闳，志高者意必远"这两句是对辛弃疾词的评价，但其对我们也是有现实意义的。我们立下了高远的志向，在努力的过程中必然会遇到各种各样的挫折，这时候我们可以将眼光放长远，不为眼前的失败所动，正如辛弃疾的一生，执著于自己的追求，永不言弃，虽然壮志未酬，但仍旧是值得人们景仰的。他留下的词作，虽然对他来讲是"副产品"，但对于我们则是巨大的文化遗产，他自身也成为立志的绝好范例。

人皆可以为尧舜

相关链接：涂之人可以为禹。——《荀子·性恶》

人皆①可以为尧舜。

——《孟子·告子下》

> 注 ①皆：都。

━━━━ 释义 ━━━━

每个人都可以成为尧舜那样的圣人。

"人皆可以为尧舜"是《孟子·告子下》中的一句话。孟子是战国时期的思想家。《孟子》是儒家的经典之一，相传是孟子及其弟子万章所著，全书共7篇，记述孟子和他的弟子的言行及思想。

在《孟子·告子下》中，曹交问孟子道："人人都可以做尧舜，有这说法吗？"孟子说："有。"曹交说："我听说文王身高一丈，汤王身高九尺，如今我身高九尺四寸多，却只会吃饭罢了，要怎样做才行呢？"孟子说："这有什么关系呢？只要去做就行了。要是有人，自以为他连一只小鸡都提不起来，那他便是一个没有力气的人。如果有人说自己能够举起三千斤，那他就是一个很有力气的人。同样的道理，举得起乌获（古代传说中的大力士）所举的重量的，也就是乌获了。人难道是以不能胜任而忧虑吗？只是不去做罢了。比如说，慢一点走，让在长者之后叫做悌；快一点走，抢在长者之前叫做不悌。那慢一点走难道是人做不到的吗？不那样做而已。尧舜之道，不过就是孝和悌罢了。您穿尧的衣服，说尧的话，做尧的事，您便是尧了。您穿桀的衣服，说桀的话，做桀的事，您便是桀了。"

从这一段话来看，"人皆可以为尧舜"在孟子的本意是从"性善论"而引出鼓励人人向善，个个都可以有所作为的命题。无论是君王治国还是个人处世都有一个"不为"与"不能"的问题摆在我们面前。认识到"人皆可以为尧舜"这一点后，就可以树立起我们每个人立志向善的信心，从自己力所能及的事情做起，不断完善自己，最终成为一个有所作为的人。

再进一步引申孟子的思想，我们每个人都去作为，如果付出了努力，就一定能达到相当的高度。中国古代有许多被称为"圣"的人，他们都是平常人做出了功业，成为杰出的代表，而被后人冠以"圣"这个称谓的。其中最为大家推崇的是"十圣"：

春秋末期的思想家、教育家孔子创立儒家学说，后世成为中国传统文化的主流思想，无可置疑地成为"文圣"。

齐人孙武以《孙子兵法》博大精深的军事理论与丰富的思想内容及指挥战役的实践，被尊为"兵圣"。

汉代司马迁忍辱发愤，撰成我国第一部纪传体通史《史记》，开创了史学的先河，被称为"史圣"。

东汉医学家张仲景一生治病救人，医术高超、医德高尚，并撰成医学巨著《伤寒杂病论》，被称"医圣"。

三国时期蜀汉大将关羽"过五关，斩六将，千里走单骑"，忠肝义胆，武功盖世，被民间奉为"武圣"。

东晋王羲之其行草为古今之冠，以炉火纯青、出神入化的书法艺术，被后人尊为"书圣"。

唐代画家吴道子，以其飘然欲举的人物画和佛寺壁画著称于世，其独创的"吴带当风"画艺，至今为世人称道，被尊为"画圣"。

唐代诗人杜甫以其忧国忧民的襟怀和精绝沉郁、脍炙人口的诗篇，至今为人们所尊崇，被称为"诗圣"。

出身贫贱的陆羽颠沛流离，干过百工杂役，最终于采茶烹茶之道获得前无古人的建树，撰成世界上第一部茶学著作《茶经》，被称为"茶圣"。

传说杜康发明酿酒术，曾醉倒刘伶，被尊为"酒圣"，杜康酒至今仍名扬四海，芳溢人间。

可以看出，圣人首先是人，"超凡入圣"的成语，既说明"圣"是某一领域的最杰出代表，又指出了"圣"出于"凡"，和他们一样的成就，我们经过努力，也可以达到。

如欲平治天下，当今之世，舍我其谁

如欲平治①天下，当今之世，舍我其谁！

——《孟子·公孙五下》

注 ①治：治理。

●●● 释义 ●●●

如果要使天下太平，在现在的世间，除了我还有谁（能承担这个重任呢）！

"如欲平治天下，当今之世，舍我其谁"这句话，道明了孟子以天下为己任的历史使命感，从孟子的"舍我其谁"到顾炎武的"天下兴亡，匹夫有责"，他们的思想是一脉相承的。

雄心壮志，最大的莫过于治理天下，对每一个人来讲，国家的兴衰每一个人都是有责任的，每个人也都可以树立为国家的进步而努力的志向。说到立下平治天下的志向，最后努力成功的，中国历史上人数众多，其中最为大家熟知的莫过于三国时期的刘备了。

刘备是汉中山靖王刘胜的后裔，家境贫寒，同母亲一起以贩鞋织席为生。他虽然出身寒微，却不坠青云之志，待人宽厚，好结交豪侠人物。

刘备身处朝政腐败、灾祸频仍的时代。为了建立自己的军队，他四处张罗，终于靠着两名贩马致富商人的资助，得到了招兵买马的钱。他与关羽、张飞结拜为兄弟，拉起了一支队伍，从此在群雄中初露头角。

灵帝末年，刘备镇压黄巾起义有功，任安喜尉。因不满督邮行事，将其捉拿，痛打一顿，然后弃官逃亡。后来，大将军何进派毌丘毅到丹杨募兵，刘备也在途中加入，到下邳时与贼战斗有功，任为下密县丞，不久又辞官。190年，刘备再被任为高唐县尉、县令，便加入了讨伐董卓战役。不久，被贼兵打败，投奔公孙瓒，被表为别部司马，与田楷一同防御袁绍，因功被封为平原县令、平原相。194年，曹操攻打陶谦，陶谦求救于田楷，田楷带刘备一起前往相救并击退曹军，陶谦特意送四千丹杨兵给刘备，刘备便依附陶谦，屯于小沛，并被表为豫州刺史。194年，陶谦病死，麋竺、陈登迎刘备入主徐州。后被朝廷拜为镇东将军、封宜城亭侯。195年，被曹操打败的吕布来投，刘备准他屯于小沛。第二年，袁术攻打刘备，刘备迎击，但吕布乘机偷袭下邳，刘备唯有改驻海西，途中打败了杨奉、韩暹、冠徐、扬闲等人。后来吕布迎回刘备，还其妻子，准他屯小沛，不久刘备又聚合万余兵。吕布感到危险，出兵攻打小沛，刘备败走，投奔曹操，后曾想再占回小沛，但被高顺所败。198年，刘备跟随曹操成功消灭吕布。刘备始终想着东山再起。他借讨伐袁术之机，带兵离开曹营，试图联合袁绍抗曹。再度失败之后，刘备屈居于袁绍门下，不久又投奔刘表，寄居荆州。一连串的挫折，使刘备对自己无所作为的境况备感痛苦。有一天，刘备上厕所时见自己大腿长了不少肉，顿时感慨万千。刘表问其中原因，刘备说："过去身不离马鞍，大腿的肉都消失了。现在不再骑马作战，大腿又长出了肉。像这样岁月流逝，老之将至，但功业未成，因而悲从中来。"但是这么多的挫折并没有打消刘备平治天下的雄心。

在荆州期间，刘备认识到了要得天下，必须拥有一批人才。于是他三顾茅庐，请诸葛亮出山辅政，并广招荆楚志士，一时间庞统、马良、陈震、何朗、蒋琬等俊杰都来投奔。这些人日后为辅佐刘备建功立业立下了汗马功劳。从此，刘备元气复苏，日渐兵强马壮。刘表死后，刘备到了荆州、九江一带驻防。他听从诸葛亮的建议，与东吴结盟抗曹，在赤壁之战中大败曹军，扭转了被动挨打的局面。

占据荆州为刘备建立蜀汉政权奠定了基础。刘备随后引兵入蜀，夺取了益州和汉中，自立为汉中王，不久便建立了蜀汉帝国。

刘备自幼立志而终成大事，我们现在处在和平年代，但是中华民族的复兴却更多地和我们每个人的努力结合在一起，为了国家的崛起，需要我们每个人都拿出"平治天下，舍我其谁"的气概！

名家美文话格言

相关链接：大约胸襟高，立志主，则命意自高。——方东树

泰山不让土壤，故能成其大；河海不择细流，故能就其深

泰山不让①土壤②，故能成其大；河海不择细流，故能就其深。

　　　　　　——李斯：《谏逐客书》

> **注** ①让：出让、推让。
> ②土壤：指山石颗粒。

相关链接：海纳百川，有容乃大；壁立千仞，无欲则刚。——林则徐

・・・・・ 释义 ・・・・・

　　泰山之所以有这样的高度，在于它不出让一寸土地、一粒石头子，天长日久积累而成。大海之所以有这样的深度，在于它不拒绝任何的溪流，汇流而成才有如此的规模。

　　李斯是战国时楚国上蔡人，是著名思想家荀子的弟子。公元前247年，李斯来到秦国，先在吕不韦手下做门客，后当上了秦王政的侍卫。李斯劝说秦王抓紧"万世之一时"的良机，"灭诸侯成帝业"，实现"天下一统"。此语正中秦王政下怀，于是先任命李斯为长史，后又拜为客卿，命其制定吞并六国，统一天下的策略和部署。

　　正当李斯运筹帷幄，大展宏图之际，秦国曝出一桩阴谋。韩国在秦

101

的一次次打击之下，土地被蚕食殆尽，面临灭顶之灾。于是韩国人想出了一条计策：派水工郑国入秦投拜到吕不韦门下，向秦人建议修建一座水渠，引泾河水灌溉关中沃野，发展农业生产。其实际意图是想以大规模的水利工程耗费秦国人力、物力，使秦国无暇东顾。当时嬴政即位不久，相国吕不韦主持朝政。吕不韦不知是计，批准了这项工程。工程由郑国指挥，前后进行了10年，常年有10余万劳力奔忙在工地上。在当时，可以说是一项极为浩大的工程。在工程即将结束的时候，韩国的这个"疲秦计"被识破。此时，吕不韦已经失势，秦王亲政。秦国贵族乘机向秦王进言，要求驱逐诸侯国入秦宾客，以绝后患。听到韩国这个阴谋，秦王震怒，立刻颁布一道

"逐客令"，驱逐所有来自诸侯国的宾客，李斯也在其列。

李斯感到事态严重，便向秦王献上一书，也就是著名的《谏逐客书》。他写道，秦国在历史上就求贤若渴，为秦国的发展壮大作出了杰出贡献的由余、百里奚、蹇叔、丕豹、公孙支、商鞅、张仪、范雎等，都不是秦国人而为秦国重用，四位君主在他们的辅佐下建立了功勋。当年的国君如果因为他们不是秦国人而将其驱逐，秦国何来如此强盛？

秦王看罢此书，深以为然，随即收回"逐客令"。他没有杀掉郑国，令其继续施工。郑国渠建成后，关中地区成为天下粮仓。据史学家估计，郑国渠灌溉了150万亩良田，足够供应秦国60万大军的军粮，对秦统一六国起了非常重要的作用。

秦王统一天下后，李斯提出了许多改革的措施，使秦国富强。至今，泰山还保存着李斯撰写的秦始皇封禅泰山的部分碑文，他自己也成为"不让土壤"的最好注脚。

将"泰山不让土壤，故能成其大；河海不择细流，故能就其深"这句话放到现在来看，也是非常有意义的。在立志成大业的过程中，我们必须保持谦虚谨慎的态度，要兼收并蓄，充分学习一切有用的知识，这样才能够使我们更快进步。

相关链接：富贵足以愚人，而贫贱足以立志而凌慧。——郑燮

燕雀安知鸿鹄之志

燕雀安知鸿鹄①之志。
——司马迁：《史记·陈涉世家》

> **注** ①鸿鹄：大雁与天鹅。

●●●● 释义 ●●●●

　　燕雀哪里会懂得鸿鹄的凌云壮志呢。比喻平凡的人哪里知道英雄人物的志向。

　　"燕雀安知鸿鹄之志"是《史记·陈涉世家》中描述的陈胜所讲过的一句话，比喻平庸的人哪里知道英雄人物的志向。很多英雄人物虽然出身卑微，但胸怀大志，不是一般的目光短浅的常人所能够比拟的。

　　秦朝阳城（今河南方城县）有一个叫陈胜的人，年轻时曾经跟别人一起受雇佣给富人家种地。有一天，他放下农活到田埂上休息，对他的同伴们说："假如将来我们中间有谁发迹富贵了，可不能相互忘记啊！"同伴们讥笑他："受雇给人家种地，怎么能发迹富贵呢?"陈胜长长地叹了一口气道："燕雀安知鸿鹄之志！"

　　秦二世元年（公元前209年）七月，朝廷征调贫苦平民900人去戍守渔阳，驻在大泽乡。陈胜、吴广都被按次序编入戍边的队伍里面，并担任屯长。恰巧遇到天下大雨，道路不通，估计已经误期。按照秦朝法令误期都要斩首。陈胜、吴广于是一起商量说："现在逃跑也是死，起义也死，同样是死，那就要为国而死。"陈胜说："全国百姓长期受秦王朝压迫，痛苦不堪。我听说秦二世是秦始皇小儿子，不应当立为皇帝，应当立为皇帝的人是公子扶苏。扶苏因为多次劝诫秦始皇，皇帝派他在外面带兵。现在有人听说扶苏没有罪，二世却杀了他。百姓多数听说他贤明，却不知道他已经死了。项燕做楚国将领的时候，多次立有战功，又爱护士兵，楚国人很爱戴他。现在如果把我们的这些人冒充公子扶苏、项燕的队伍，向全国发出号召，应该有很多响应的人。"吴广认为陈胜所说得很对，就支持他。

吴广向来爱护士卒，士兵们有许多人愿意替他效力。一天，押送戍卒的两个军官喝醉了酒，吴广故意多次说想要逃跑，惹军官恼怒，让军官责辱自己，以便激怒那些戍卒。军官果真用竹板打吴广，又拔出宝剑来威吓，吴广跳起来，夺过宝剑杀死军官。陈胜帮助他，一同杀死了两个军官。陈

名家美文话格言

相关链接：故立志者，为学之心也；为学者，立志之事也。——王阳明

胜、吴广召集并号令众戍卒说："你们碰到了大雨，都已经误了朝廷规定的期限，误期就会杀头。就算朝廷不杀我们，但是戍边的人十个里头肯定有六七个死去。再说好汉不死便罢，要死就要取得大名声啊！王侯将相难道是天生的贵族吗？"众戍卒都说："听从您的命令。"于是大家就冒充是公子扶苏、项燕的队伍，顺从人民的心愿。军队露出右臂作为标志，号称大楚。起义军首先攻下大泽乡，吸收民众参军后接着攻打蕲县。蕲县攻下之后，就派符离人葛婴率领部队去夺取蕲县以东的地方，攻打铚、酇、苦、柘、谯等地，在行军时又沿途吸收群众参加起义军，等到达陈县，起义军已有战车六七百辆，骑兵一千多，步兵几万人。至此，各郡县受秦朝官吏压迫的人，都杀死当地各郡县的长官，来响应陈胜。

　　虽然陈胜最后被自己的车夫所杀，但此时反秦的义军已成燎原之势。陈胜是穷苦人家的子弟，他的才能比不上一般人，既没有孔子、墨子那样的贤明，也没有陶朱、猗顿那样的富有，他带领着疲乏散乱的戍卒，开始就统率着几百个人攻打秦国，他们只能砍下木棍做武器，高举竹竿为旗帜，但是天下的人就像风云那样迅速汇集起来，像回响那样应声而起，挑着粮食，如影随形地跟着他。各地的英雄豪杰一齐起来，就把秦王朝推翻了。虽然陈胜最后死了，没有完成他的志向，但是他的英雄气概却从年轻时就开始反映出来了。作为一个英雄，他的鸿鹄之志为世人所认同，最终加速了秦王朝的灭亡。

愿乘长风，破万里浪

相关链接：志不立，如舵之舟，无勒之马，漂荡奔逸，终亦何所底乎。——王守仁

愿乘长风①，破万里浪。

——《宋史·宗悫传》

注　①长风：大风。

••• 释义 •••

愿乘着大风，穿行在巨浪之中。

"愿乘长风，破万里浪"是《宋史·宗悫传》中宗悫小时候说的一句话，形容的是宗悫从小就有去更广阔的世界中施展拘负的高远志向。

宗悫字元干，是南北朝时南阳涅阳人。他的叔父是宗炳，字少文，此人学问很好但不愿意做官。宗悫小的时候宗炳问他长大后的志向是什么？他回答："希望乘着大风，穿行在巨浪之中。"宗炳听了以后十分高兴，说："就算你不能大富大贵，也必然会光宗耀祖。"

宗悫成年后，投奔了江夏王义恭，由于武艺高强又非常勇猛，义恭便让他当了振武将军。宗悫到了部队，果然英勇善战。当时，有个林邑王发动叛乱，占据了很多地方，当地百姓怨声载道，宗悫接到了讨伐林邑王的命令后，很快就率部下将叛军的驻地团团围起，准备一举歼灭叛军。

叛军头目林邑王精于计策，他深知自己论兵力以及武艺都及不上宗悫，要想战胜宗悫唯有使用计谋。于是林邑王派人暗中集结了许多头大象。到了交战那天，他命令部下驱赶大象，直冲宗悫的队伍。刹那间，疯狂的象群甩动长鼻子猛冲起来，尘土飞扬，地动山摇，真有排山倒海之气势，仿佛能把宗悫的队伍踏成肉饼。宗悫一看情形不对，这样的象群，部队是没有办法抵御的，于是便命令队伍暂时撤退。

到了第二天，双方又开始了交战，林邑王故伎重施，让象群冲了过来，以为仍旧胜券在握。但是突然间，象群乱了起来，有的原地站住，有的干脆杀了回马枪，朝自己人冲了过去，撞得林邑王的部队人仰马翻。原来，大象群冲到宗悫的阵前时，对面出现许多狮子，一个个张着血盆

大口，伸出了长长的舌头，样子非常凶猛，刚才还不可一世的象群立刻被吓坏了，纷纷后退逃命。这时宗悫命令部下乘胜追击，将叛军打了个落花流水，溃散了大半。很快，宗悫的部队就取得了胜利。

原来，宗悫看到了象群，认为象群的威力很大，必须用有针对性的办法加以抵御。他很快就有了一个很好的办法，他想到狮子是百兽之王，所有的猛兽只要见到狮子都会退避三舍，大象肯定也不例外。于是他召集了很多能工巧匠，连夜赶制了许多狮子的模型。工匠们知道这关系到是否能挫败叛军，所以个个干劲十足，将狮子模型做得栩栩如生，真假难辨，终于吓退了大象，破了林邑王的大象阵。

很快，宗悫就率兵收复了叛军的驻地，解救了当地的百姓。将叛军搜刮的金银财宝分给穷人们，接济他们的生活，而他自己则什么东西都没有拿，仍旧保持着自己清苦的生活，大家因此都对他非常尊敬。后来，宗悫屡立战功，成了一名威震海内的大将军。

从小便立下远大的志向并为之奋斗，即使别人不认同，只要自己为之不懈努力就一定可以成功。

相关链接：学者须先立志。——朱熹

丈夫志四海，
万里犹比邻

丈夫志四海①，万里犹比邻。

——曹植：《赠白马王彪》

> 注　①四海：世界，天下。

●●● 释义 ●●●

大丈夫志在四海，万里的距离也像是就在旁边一样。

　　"丈夫志四海，万里犹比邻"是曹植《赠白马王彪》诗中的一句话，讲的是有抱负的男子汉应当志在天下，此时万里的距离都感觉不再遥远。曹植是三国时魏的诗人，曹操的第三个儿子，他在这首赠友人的诗中也说出了自己的胸怀抱负。古时万里的距离何其遥远，但是在曹植的眼中，如果大丈夫有了四海之志，万里的距离也就不存在了。

　　万里之志，的确是非常高远，特别是在古代，万里的距离几乎难以达到，曹植如此写法也只是写意罢了，以此来抒发胸中的豪气，但是要做到是非常困难的。即便如此，仍旧有英雄人物将四海之志与万里之途

名家美文话格言

相关链接：丈夫生有四方志。——刘过：《多景楼醉歌》

结合起来，并成就了开创性的事业。这个人就是三宝太监——郑和。

郑和是云南昆阳人，幼年时的郑和已开始学习伊斯兰教的教义和教规。郑和的父亲与祖父均曾朝拜过伊斯兰教的圣地麦加，从父亲与祖父的言谈中，年少的郑和已对外界充满了强烈的好奇心。明朝统一云南后，郑和被带到南京，做了宦官后被分到北平，在燕王府服役。郑和在燕王府期间，因为才智过人取得了燕王朱棣的信任，被朱棣选在身边作为贴身侍卫。在长达四年之久的"靖难之役"中，郑和跟随朱棣出生入死，建立了许多战功，成为朱棣夺取政权即位称帝的功臣之一。

从永乐初年起，郑和按照明成祖朱棣的安排转向航海事业，立志要越洋过海传播中华文化。

永乐三年（1405 年）六月，郑和开始了七下西洋的第一次航行。他统领士卒和船员 27 800 余名，分乘大船 62 艘、小船 200 余艘，自苏州刘家港出发，经福建达占城、爪哇、苏门答腊、锡兰山等地，1407 年回国。同年开始第二次航行，郑和率舟师去爪哇，然后向北航行到暹罗等国，继而渡孟加拉湾至印度东部，然后向南航行，穿过保克海峡到达印度西部柯枝和古里，1409 年回国。同年郑和率船队第三次远航，到达占城、爪哇、苏门答腊，经锡兰抵达印度西部。前三次航海的活动范围没有出东南亚和南亚，主要是为了同上述地区诸国之间建立和平友好关系，并为下一步向南亚以西远航建立转航的据点。

第四次远航于 1413 年开始，郑和船队第一次横渡印度洋远至波斯湾沿岸的忽鲁谟斯，以及非洲东岸。1417 年郑和第五次率船队出航，历经印度、阿拉伯半岛沿岸的祖法儿、阿丹（今亚丁）以及东非诸国。第六次航行始于1421 年，船队横渡印度洋，抵达肯尼亚南部，于 1422 年返国。1430 年郑和七下西洋，经 25 天到爪哇，后经满剌加（今马六甲）、苏门答腊、古里，于 12 月 25 日到忽鲁谟斯。1433 年回到中国。

后四次航海，船队每次均驶往忽鲁谟斯（今属伊朗，在阿曼湾和波斯湾之间霍尔木兹海峡以北）以远，开辟新的航线，同一些从来不通中国的亚非国家建立了友好关系，打开了中国到亚非各国的海上"丝绸之路"，在世界航海史上写下了光辉篇章。

郑和下西洋的航海实践丰富和发展了中国古代在海图绘制、天文航海、气象水文等方面的航海技术，并为后人留下了珍贵的《郑和航海图》。七

相关链接：生无一锥土，常有四海心。——顾炎武：《秋雨》

111

下西洋还建立与促进了中国与众多亚非国家之间的关系，促进了国家之间政治与文化的交流。

郑和虽然是受皇帝的差遣七下西洋，但是以这七次航行的规模之大，组织之严密，航程之长，不仅显示了明朝国家的强大，也充分证明了郑和胸怀四海的壮志与统率千军的才能。现在随着科技的发展，世界已经成为了地球村，我们已经不需要像郑和一样去开辟航路，但是在这一个飞速发展的世界里，我们更需要志在四海，为了人类与世界的不断发展贡献我们的力量。

名家美文话格言

相关链接：吾志所向，一往无前，愈挫愈奋，再接再厉。——孙中山

志大则才大，事业大

志大则才①大，事业大。

——张载：《正蒙》

> **注** ①才：才干。

●●●● 释义 ●●●●

只有志向远大才能够学到真本事，做成大事业。

相关链接：饰治之术，莫良乎学。学之广在于不倦，不倦在于固志。——葛洪：《抱朴子·外篇·崇教》

"志大则才大，事业大"是张载在《正蒙》中对志向远大者的形容，只有志向远大的人，才会为自己的志向而努力奋斗，增长才干，从而成就自己的大事业。

我国著名桥梁专家茅以升就是这样一位志向远大的人物。从少时所想，到立志赶超，他不断学习，不断研究，不断创新，不断实践，终于获得了成功。

茅以升，江苏镇江人，1896年生。茅以升从小就好学上进，善于独立思考。他10岁那年，过端午节，家乡举行龙舟比赛，看比赛的人都站在文德桥上，由于人太多把桥压塌了，砸死、淹死不少人。这一不幸事件沉重地压在茅以升心里。他暗下决心：长大了一定要造出最结实的桥。从此，

相关链接：人苟能自立志，则圣贤豪杰，何事不可为？——《曾国藩家书》

名家美文话格言

茅以升只要看到桥，不管它是石桥还是木桥，他总是从桥面到桥墩看个够。茅以升上学读书后，从书本上看到有关桥的文章、段落，就把它抄在本子上，遇到有关桥的图画就剪贴起来，时间长了，足足积攒了厚厚的几大本。

茅以升中学毕业后，先考入唐山工业专门学校土木系。1916年毕业后，由唐山路矿以第一名的成绩，被清华学堂官费保送留美，9月起程到美国康奈尔大学报到。1916年，茅以升通过了美国康奈尔大学研究生入学考试，其成绩之优秀，使该校教授们大为惊讶和赞叹。茅以升于1917年获康奈尔大学研究院专业硕士学位。在毕业典礼上，康奈尔大学校长当场宣布：今后凡是唐山工业专门学校（原唐山路矿学堂）的研究生一律免试注册，茅以升为母校在国外争得了极大的声誉。1919年，茅以升获美国加利基理工学院工学博士学位，博士论文《桥梁力学第二应力》在当时具有世界水平，并荣获加利基理工学院颁发的金质研究奖章。1919年12月，24岁的茅以升毅然回国，在交通大学唐山学校任教授。茅以升说："回顾我的读书生活，这14年的努力，好比造桥，为我一生事业建造了坚实的桥墩。"

1933年3月，浙江省决定在钱塘江上兴建大桥，以贯通浙江省铁路、公路交通。浙江省建设厅长曾养甫、浙赣铁路局长杜镇远和浙江公路局长陈体诚一致推举茅以升担此重任。消息传来，他非常兴奋。尽管面临筹款能否成功，能否打破当时大一些的桥梁都是"洋人"修建的局面，能否击败"洋人"的竞争，以及在险恶大江上造桥能否胜任等尖锐复杂的问题，他还是鼓起勇气，知难而上。

1933年至1937年，茅以升任钱塘江大桥工程处处长，主持修建我国第一座公路、铁路兼用的现代化大桥——"钱塘江大桥"。他采用"射水法""沉箱法""浮远法"等，解决了建桥中的一个个技术难题。经过努力，茅以升终于将现代化的钱塘江大桥建成。《中国铁路桥梁史》这样评价钱塘江大桥："20世纪30年代，在自然条件比较复杂的钱塘江上，以当时尚不发达的施工技术，用不到3年时间，由我国工程师自行设计并监造，建成了一座基础深达47.8米的双层公铁两用桥，这是旧中国铁路桥梁建设史上的一项重大成就，也是中国铁路桥梁史上的一个里程碑。"

新中国成立后，茅以升担任铁道科学研究院院长，长达 32 年之久。他还历任国务院科技规划委员会委员、中国科学院技术科学部副主任、中国科学技术协会副主席、全国科普协会副主席、中华全国自然科学专门学会联合会北京分会主任委员、北京市科协主任委员、中国科技报研究会理事长等职。茅以升数十年如一日，艰苦奋斗，呕心沥血，把毕生精力、知识和智慧毫无保留地奉献给了祖国的教育、科技和桥梁建设事业，赢得了广大知识分子的敬佩和爱戴。

从少年时期立志开始，到不断学习获得真知，再到努力奋斗获得成就，茅以升的人生轨迹符合"志大则才大，事业大"的叙述，我们每一个人，都可以以之为典范，努力提高自己的才干，不懈奋斗，最终实现自己的理想。

相关链接：位卑未敢忘忧国。——陆游

相关链接：丈夫之志，能屈能伸。——程允升：《幼学琼林·武职》

志行万里者，不中道而辍足；图四海者，非怀细以害大

志行万里者，不中道①而辍足；图四海者，非怀细②以害大。

——陈寿：《三国志·吴书·陆逊传》

注 ①中道：中途。
②怀细：从小处打算。

●●● 释义 ●●●

有志行走万里的人，不会中途停止；谋取四海之大的人，不能计较小利而妨碍大事。

陈寿是魏晋时期的史学家。西晋太康年间，他收集有关资料，撰写了《三国志》一书，以纪传体例，分记魏、蜀、吴三国史事。在《吴书·陆逊传》中记载了这样一件事：当时辽东军阀公孙渊本归属曹魏，后叛魏而投归孙权，受封燕王，但他后来又背叛了孙权并杀了孙派去的使节。孙权非常气愤，想出兵征讨，被军师陆逊劝阻。陆逊分析了当时的形势，天下纷扰，群雄相争，如果要越过渤海，乘桴远征，必然会造成后方空虚，给其他敌人乘虚而入的机会，那时就后悔莫及了。在谏阻中，陆逊说了这句话。这句话的主旨是让孙权不要"小不忍而乱大谋"，而整句话对于如何坚持志向也有启迪的意义。有志向、有理想的人，不应斤斤计较个人得失，更不应在小事上纠缠不清，而应有开阔的胸襟和远大的抱负。只有如此，才能成就大事，从而实现自己的梦想。

在我国的历史上，忍辱负重而终成大事之人数不胜数，其中最有名的恐怕就要数汉朝开国大将韩信了。

韩信出身平民，无谋生之道，常常依靠别人糊口度日，许多人都讨厌他。韩信在城下钓鱼时，有许多老妇在冲洗丝絮，其中一人见韩信饿得可怜，就给他饭吃。韩信对这位老大娘说："吾必有以重报母。"老妇很生气，斥责韩信："大丈夫不能自食，吾哀王孙而进食，岂望报乎！"意思是说，大丈夫不能自食其力，我只是可怜你才给你饭吃，难道是希图报答吗？

相关链接：锲而舍之，朽木不折；锲而不舍，金石可镂。——《荀子·劝学》

淮阴屠户中有个人想侮辱韩信，当众要韩信从他的胯下爬过去。韩信低下身，从他的胯裆下爬了出去。街上的人都耻笑韩信，认为他是个怯懦之人。

后来，项梁起义，韩信拔剑从军，但一直没有什么名气。项梁死后，韩信又跟随项羽的部队，他多次向项羽献计策没有被采纳。韩信从楚军中逃出来投奔了汉军。开始仍然没有得到重用，后来终于得到萧何的赏识，被萧何全力保举给刘邦做了大将。从此一举成名，为刘邦打下了半壁江山。

后来刘邦封韩信为楚王。韩信到达封地，找到当年曾分给他饭吃的那位老大娘，赏给她黄金一千两作为报答。又招来那位曾让他受到胯下之辱的屠户，不但不杀他，反而还任命他为楚国中尉，并对将领们说："他是一个壮士。当年他侮辱我时，我难道真的不敢杀他吗？不是的。如果我杀了他就不能成名，不能实现自己的抱负了，所以我忍辱而达到了现在的境地。"

忍辱负重磨炼了意志，也使得成功更近了一步。从"志行万里"到"图谋四海"，从小事到大事，我们要实现自己的目标都必须要有开阔的胸襟和长远的眼光。

志须坚

通向目标的道路必然充满曲折，甚至需要付出巨大的代价，这时需要的是坚定与坚持。

处逸乐而欲不放，
居贫苦而志不倦

处逸①乐而欲不放，居贫苦而志不倦。

——王充：《论衡·自纪》

> 注　①逸：安逸。

- - - - - 释义 - - - - -

处在安乐的情况下，不放纵自己的欲望，处于贫苦困窘的时候，不放松自己的志向。

王充是东汉时期的哲学家，具有朴素唯物主义思想。他用 30 年时间写成《论衡》一书。全书共 85 篇，其中的《自纪》是书中最后一篇，相当于书的跋，对他自己的身世为人作了介绍。"处逸乐而欲不放，居贫苦而志不倦"这句话就在《自纪》中，从中可以看出他的达观襟怀和高洁的人格操守。

在《孟子·滕文公下》中就有"富贵不能淫，贫贱不能移，威武不能屈，此之谓大丈夫"的话。意思是说，高官厚禄收买不了，贫穷困苦折磨不了，强暴武力威胁不了，这就是所谓大丈夫。大丈夫的这种种行为，表现出了高尚的气节。王充的"处逸乐而欲不放，居贫苦而志不倦"

相关链接：富贵不能淫，贫贱不能移，威武不能屈，此之谓大丈夫。——《孟子·滕文公下》

一样，主张在逸乐与贫苦之时，不但要有高尚的气节，更不能放弃对自己志向的追求。

王充自谓出自"孤门细族"，其祖先由先秦王孙，而西汉封侯，进而农桑贾贩，江河日下，一代不如一代。到王充出世时，已是"贫无一亩庇身"，"贱无斗石之秩"，再加"宗祖无淑懿之德"。在这个家里，迎接王充降临的，不仅没有任何财产、名誉地位，而且更让他背上了一个先人无德，祖宗无行的沉重包袱。

王充少时，其他小孩喜欢掩雀捕蝉，嬉戏爬树，王充从来不去参与，表现出孤介寡和，端庄严整的气质。这引起父亲的重视，6岁便教他读书写字，8岁让他上小学。书馆中学童百余人，都因过失和书法不工遭到先生体罚，唯有王充书法日进，又无过错，未尝受责。学会写字，王充告别了书馆，开始了儒家经典的专经学习和儒家道德的修炼。

乡学既成，王充乃负笈千里，游学于京都洛阳。后来王充因成绩优异被保送到太学学习。入了太学，他投在著名大师班彪的门下。此时的王充仍旧非常贫困，他苦于买不起书。正好那时洛阳南门外槐树林中有个专卖纸墨书籍的"书市"，他就到书摊上去找书读。由于不拘守一家之言和章句之末节，而是博闻强记，通览众流百家之言，王充因此学术见解与班彪合不到一起，所以他离开了班彪，自己独立进行研究。王充游学洛阳长达十六七年之久，虽然生活很困苦，但是他确立了自己"朴素唯物主义思想"的志向，并从此再未改变。

游学十几年后，王充返回故乡，升任会稽郡都尉府椽功曹。职任升迁后，王充怀着满腔热情，想施展他的政治抱负。那时适逢会稽郡连年旱灾，物价飞涨，农民流亡，可是贵族豪家却奢纵无度。因此，王充写了一本奏记，向会稽郡太守提出禁奢侈，以备因乏。但他的建议未被采纳。他又向郡太守奏本，建议禁酒，以节约粮食，又没有被采纳。王充终因主张与官僚们不合，被"贬黜抑屈"，离开了五官功曹的职位。王充升位时，那些趋炎附势的亲朋故旧都来攀龙附凤，奔走门下，但是王充实践了自己的"处逸乐而欲不放"，没有贪图安逸、追求享受，而是施展自己的政治抱负。

王充在贫困的生活中度过了他的晚年。他在《论衡·自纪》篇里自述"贫无供养"，王充晚年生活上没有可以依靠的子女，而且此时，王充不但生活困难，还疾病缠身。为了与疾病作斗争，他采取"闭目塞聪，养精自保"的办法。这时，他除了对《论衡》一书作最后修改定稿，编定目次，写作序言《对作》之外，还写了《养性》一书。最终仍居贫苦而志不倦，为后世留下了不朽之作。

"富贵不能淫，贫贱不能移"是高尚的气节，而在富贵与贫贱面前都能不放弃自己的志向，为之不懈奋斗，这就是更高的境界了，这也是我们所要追求的。

名家美文话格言

相关链接：忧国忘家，捐躯济难，忠臣之志也。——曹植

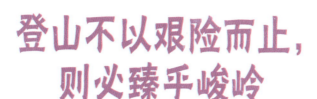

登山不以艰险而止，则必臻乎峻岭

志坚者，功名之柱也。登山不
以艰险而止，则必臻①乎峻岭。

——葛洪：《抱朴子·广譬》

注 ①臻：达到。

•••• 释义 ••••

　　如果登山不因为艰险就停止前进，就一定能达到崇高的山岭之间。

　　葛洪是晋朝人，他初以儒学闻名，后舍儒入道。"志坚者，功名之柱也。登山不以艰险而止，则必臻乎峻岭"，这句话以登山作为比喻，说明了坚定的志向是做大事业的基础，就像登山一样，不为困难所压倒，不为艰险所阻隔，一路前行，就能够到达风景的绝佳之处。

　　葛洪的话，将一个人功名的目标与崇山之间的美景联系起来，而在我们中国古代的历史中，就有很多的旅行家，真正将自己人生的目标与祖国的大好河山统一在一起，其中最著名的就是明代的著名地理学家、旅行家

相关链接：世之奇伟瑰怪非常之观，常在于险远，而人之所罕至焉，故非有志者不能至也。——王安石：《游褒禅山记》

和文学家徐霞客了。

徐霞客（1586～1641）名宏祖，字振之，霞客是他的号。
他出生在江苏江阴一个有名的富庶之家。他的父亲徐有勉一生
不愿为官，也不愿同权势交往，喜欢到处游历欣赏山水美景。徐霞客幼
年受父亲影响，喜爱读历史、地理和探险、游记之类的书籍。这些书籍
使他从小就热爱祖国的壮丽河山，立志要遍游名山大川。徐霞客无意功
名，父亲见儿子如此，也不勉强，就鼓励他博览群书。徐霞客读书非常
认真，凡是读过的内容，别人问起，他都能记得。徐霞客从22岁开始离
家远游，直到56岁逝世，他绝大部分时间都是在旅行考察中度过的。

徐霞客先后游历了江苏、安徽、浙江、山东、河北、河南、山西、
陕西、福建、江西、湖北、湖南、广东、广西、贵州、云南共16个省。
东到浙江的普陀山，西到云南的腾冲，南到广西南宁一带，北至河北蓟
县的盘山，足迹遍及大半个中国。令人钦佩的是，在30多年的旅行考察
中，他主要是靠徒步跋涉，连骑马乘船都很少，还经常自己背着行李赶
路。他不避风雨，不怕虎狼，与长风为伍，与云雾为伴，以野果充饥，
以清泉解渴。他寻访的地方，很多是荒凉的穷乡僻壤，或是人迹罕见的
边疆地区。他几次遇到生命危险，出生入死，尝尽了旅途的艰辛。

徐霞客28岁那年，来到温州攀登雁荡山。他想起古书上说的雁荡山
顶有个湖，就决定爬到山顶去看看。可是当他艰难地爬到山顶时，只见
山脊笔直，简直无处下脚，怎么可能有湖呢？但是，徐霞客仍不肯罢休，
继续前行到一个大悬崖，此时更是没有前行的道路了。他发现悬崖下面
有个石头的平台，就用一条布带子套在悬崖顶的一块岩石上，然后抓着
布带悬空而下，到了小平台上才发现下面深达百丈，不可能下去。他只
好抓住布带，脚蹬悬崖，吃力地往上爬回崖顶。但是爬着爬着，带子断
了，在这千钧一发之际，他机敏地抓住了一块突出的岩石，逃过一劫，
不然就要掉下深渊，粉身碎骨了。徐霞客把断了的带子接起来，终于爬
上了崖顶。还有一次，他去黄山考察，途中遇到大雪。当地人告诉他有
些地方积雪有齐腰深，看不到登山的路，无法上去。徐霞客没有被吓住，
他拄了一根铁杖探路，上到半山腰，山势越来越陡，路上结成坚冰，又
陡又滑，脚踩上去，就滑下来。徐霞客就用铁杖在冰上凿坑，脚踩着坑
一步一步地缓慢攀登，终于爬了上去。徐霞客还走过福建武夷山的三条

名家美文话格言

相关链接：立志要如饥渴之于饮食，才有悠悠，便是无志。——《朱子语类》

险路：大王峰的百丈危梯，白云岩的千仞绝壁和接笋峰的"鸡胸""龙脊"。在他登上大王峰时，已是日头将落，下山寻路不得，他就用手抓住攀悬的荆棘，"乱坠而下"。他在中岳嵩山，从太室绝顶上也是顺着山峡往下悬溜下来的。

　　徐霞客惊人的游历，的确使他将美妙的山景与自己的人生目标结合了起来。徐霞客游历祖国山川的日记经过后人整理成书，就是著名的《徐霞客游记》。这部书 40 多万字，是把科学和文学融合在一起的地理巨著。我们每一个人在向自己的目标前进的过程中，也要像徐霞客一样"不以艰险而止"，直到"臻乎峻岭"。

古之立大事者，不惟有超世之才，亦必有坚忍不拔之志

古之立①大事者，不惟有超世之才，亦必有坚忍不拔之志。
——苏轼：《晁错论》

注 ①立：建立。

••• 释义 •••

古时成就大事的人，不仅有超越天下人的才能，也必定有坚忍不拔的志向。

苏轼是北宋文学家、书画家，《晁错论》是他的一篇史论，评论西汉晁错尽忠被诛的是非得失。"古之立大事者，不惟有超世之才，亦必有坚忍不拔之志"，说明要想成就一番事业，才能与毅力缺一不可。在现实生活中，很多人做事功败垂成，不是因为他们不具备才能，而是因为他们缺乏坚忍不拔的毅力，甚至对于许多天才人物来讲，后天的奋斗仍是非常必要的。

古代的人要立大事必须要有坚韧的毅力，现代的许多成就辉煌事业的人也是如此，比如我国优秀的篮球运动员姚明。

姚明有 2.26 米的身高，很多人认为这就是姚明成功的最大原因。但事实上姚明缺乏成为一名优秀篮球运动员的很多天赋，他成功之后，这些问题都被忽略了。姚明最主要是靠着自己的努力、智慧、坚韧的职业体育精神，一步一步走向了成功。

姚明的左耳丧失了大部分听力，这严重影响了他在场上、场下和教练、队友的交流。他往往听不到从左侧传来的声音，当教练布置战术的时候，他必须用右耳倾听。姚明的身体条件也曾经受到过怀疑。他的两肩狭窄，胯骨宽大。对于中锋而言，这会影响他的篮下对抗能力和转身时的灵活性。在姚明刚刚开始训练的时候，有些教练据此而怀疑他的篮球天赋。此外，1997 年和 1998 年，姚明的左脚脚弓和周骨曾经两次骨折，又让他的弹跳力大减。中国曾经有过许多身高和姚明相

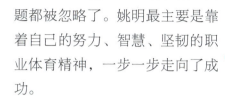

立志

相关链接：办得坚固心，一味向前，何患不进！——《朱子语类》

似、篮球天赋甚至超过姚明的运动员，但没有一个人实现了像姚明一样的成就。姚明的确拥有绝对身高，但是，他能够达到今天的高度，是他通过勤奋努力克服了很多自身条件上的不利因素所获得的结果。这告诉我们，先天条件固然重要，但后天的努力依旧起着决定性的作用。

就拿姚明的体能训练来讲。姚明刚到火箭队的时候，他的体能教练法尔松曾经对他说：你怎样对待你的身体，你的身体就怎样对待你。姚明把这句话当成了他的座右铭，把每天的力量训练、体能训练变成了一种习惯，就像吃饭一样。人不能一天不吃饭，职业运动员不能一天不训练自己的身体。刚到 NBA 打球的时候，姚明也没有掌握一整套非常有效的控制身体的方法，在参加第一个 NBA 赛季之后，他感觉到非常疲惫，因为在 CBA，每个赛季只有 22 场常规赛，加上季后赛不过 30 场比赛，但 NBA 常规赛就有 82 场强度惊人的交锋。于是他一下子休息了 40 天，在那之后，他在恢复体能时就感觉到比较艰难。他专门找了教练和有经验的 NBA 球员来询问，别人告诉他，赛季之后的彻底放松不能超过 20 天，之后就必须开始体能训练。在那之后的 3 个赛季里，姚明的纯休息时间再也没有超出过 20 天。姚明每天还在柔软的沙滩上奔跑 5000 米左右，来保持自己的体能。在最应该彻底休息的假期里，姚明仍然没有忘记坚持训练。

2005 年 12 月，姚明脚趾伤势严重，必须进行手术。在手术后恢复的长达 40 天的时间里，姚明并没有天天躺在病床上。他仔细地观看了大量比赛录像，观看自己在比赛中得到球的位置、处理球的方式、对方来夹击自己的时机选择和自己进攻和防守的手段。通过录像观察，他发现自己在接球时和被夹击时容易失误，于是开始接受教练为他专门设计的接网球训练。教练把 50 个网球放在一个筐里，一个接一个投掷给他，不能移动的姚明坐在椅子上，去努力把投来的球接住。在开始的两三天里，姚明能接住的球相当少，但到了后期，他能在 50 个球里接住 45 个左右。当姚明复出之后，他的失误率明显降低，打出了进入 NBA 四个赛季后最惊人的冲击波。

拥有过人天赋的姚明，仍需要付出艰苦的努力，我们每一个人要成就自己的事业，就一定要有坚忍不拔的意志。

穷且益坚，不坠青云之志

穷①且益坚，不坠青云之志。

——王勃:《秋日登洪府滕王阁饯别序》

相关链接：立志不定，终不济事。——《朱子语类》

> **注** ①穷：困窘。

⋯⋯ 释义 ⋯⋯

穷困的时候意志要更加坚定，不能放弃自己的远大抱负。

王勃是唐朝文学家，与杨炯、卢照邻、骆宾王并称"初唐四杰"。唐高宗时，洪州(今江西南昌市)长官在滕王阁大宴宾客，王勃正好路过，参加了宴会，即席写成了《滕王阁序》，此文成为不朽名篇。文中讲世路艰辛时写道，"老当益壮，宁移白首之心；穷且益坚，不坠青云之志"。这也是王勃对自己需要如此持志的写照。"老当益壮"本书中另有篇幅叙述，"穷且益坚"则是王勃的引申，对于持志来讲，面对衰老与困窘都不动摇，是非常重要的。

王勃只活了 27 岁便意外去世了，还有很多抱负没有实现。而中国历史上许多的文学家，都是在困窘之中奋力书写，最终他们的作品使他们的名字永留青史，《红楼梦》作者曹雪芹的一生遭遇，可以说是典型。

曹雪芹生活在一个"百年望族"的大官僚地主家庭，从曾祖父起三代世袭江宁织造达 60 年之久。祖父曹寅当过康熙的"侍读"，曾祖母又是康熙的乳母，曹家与皇室的关系非常密切。少年时代，他"锦衣纨绔"，过了一段豪门公子的奢侈生活。雍正五年(1727 年)，其父亲曹頫因事受到株连，被革职抄家。从此，家族的权势和财产都丧失殆尽。他的家庭居处屡迁，生活极不安定，有时甚至不得不投亲靠友，以维持生活，还常常受到歧视和凌辱。经历了由锦衣玉食到"举家食粥"的平民百姓的沧桑之变，曹雪芹对封建统治阶级的没落命运有了切身感受，对社会上的黑暗和罪恶有了全面而深刻的认识，他也有了用写作来实现自己抱负的想法。

曹雪芹蔑视权贵，远离官场，过着贫困如洗的艰难日子。晚年，曹

雪芹移居北京西郊，生活更加穷苦，"满径蓬蒿"，"举家食粥"。他以坚忍不拔的毅力，专心从事《红楼梦》的写作和修订。"披阅十载，增删五次"，终于创作了不朽的现实主义巨著《红楼梦》。

《红楼梦》以贵族封建家庭生活素材为基础，以贾宝玉和林黛玉的爱情悲剧及贾宝玉与薛宝钗的婚姻悲剧为经，纵向剖析了造成悲剧的深刻社会根源；同时，以贾府的兴衰为纬，通过贾、王、史、薛四大家族间卫道者与叛逆者之间的矛盾冲突，横向展示了由众多人物构成的广阔的社会生活环境。《红楼梦》广泛而深刻地反映了当时中国的社会现实，展示出封建制度濒于崩溃和必然灭亡的历史趋势，成为中国乃至世界文学史上的光辉巨作。

"穷且益坚"在曹雪芹身上是最为恰当的诠释，他在极其艰难困苦的情况下书写了中国文学史的传奇。我们在向人生目标迈进的过程中，也会有困窘的时刻，此时的我们，也应当愈挫愈勇，永远不放弃自己的志向。

相关链接：人患志之不立，亦何忧令名不彰邪？——刘义庆

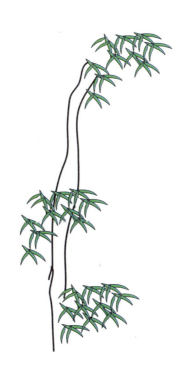

三军可夺帅也，匹夫不可夺志也

三军①可夺帅也，匹夫不可夺志也。

——《论语·子罕》

> 注 ①三军：古时军队作战分左军、中军、右军，合称三军。

●●●● 释义 ●●●●

三军的主帅可以被俘虏，匹夫的志向是不可以被改变的。

　　《论语》是孔门弟子及再传弟子汇编孔子的言行集，共20篇，记述了孔门师徒问答的实况，是研究早期儒家思想的主要资料。"三军可夺帅也，匹夫不可夺志也"，孔子用三军之帅的难被俘获，衬托匹夫之志更难夺。孔安国注："三军虽众，人心不一，则其将帅可夺而取之；匹夫虽微，苟守其志，不可得而夺也。"朱熹引侯氏曰："三军之勇在人，匹夫之志在己。故帅可夺而志不可夺。如可夺，则亦不足谓志矣。"（《论语集注》）《礼心·缁衣》篇亦曰："言有物而行有格也，是以生则不可夺志，死则不可夺名"。三军之勇是外在的，难夺而毕竟可夺；而志是内在的，所以是不可夺的。

　　"三军可以夺帅也，匹夫不可夺志也"这句警世格言，两千五百多年来激励了一代代的中华儿女，也成为中华民族威武不屈的民族精神之一。普通人坚定不移地坚持志向是十分可贵的，因此也就必须给予重视。不管你有多大的力量，也不能轻易改变普通人的意志。而对我们个人来讲，人生志向的确立和坚守则是非常重要的，这也是儒家修身的基本内容之一。

　　在我国历史上，持志不屈的人物，最有名的一位就要数苏武了。苏武是汉朝人。公元前100年，匈奴政权新单于即位，汉武帝为了表示友好，派遣苏武率领100多人，带了许多财物，出使匈奴。不料，就在苏武完成

相关链接：去忿欲以养体，存倔强以励志。——曾国藩：《致源弟》

了出使任务，准备返回自己的国家时，匈奴上层发生了内乱，苏武一行受到牵连，被扣留下来，并被要求背叛汉朝，臣服单于。

最初，单于派人向苏武游说，许以丰厚的俸禄和高官，苏武严词拒绝了。匈奴见劝说没有用，就把苏武关入一个露天的大地窖，不提供食品和水，希望这样可以改变苏武的信念。时间一天天过去，时值严冬，苏武在地窖里受尽了折磨。过了好几天，单于见濒临死亡的苏武仍然没有屈服的表示，只好把他放了出来。

单于不忍心杀苏武，又不想让他返回自己的国家，于是决定把苏武流放到西伯利亚的贝加尔湖一带，让他去牧羊。临行前，单于召见苏武说："既然你不投降，那我就让你去放羊，什么时候公羊生了羊羔，我就让你回到中原去。"在人迹罕至的贝加尔湖边，唯一与苏武做伴的，是那根代表汉朝的使节和一小群羊。苏武每天拿着这根使节放羊，心想总有一天能够拿着它回到自己的国家。这样日复一日，年复一年，使节上面的装饰都掉光了，苏武的头发和胡须也都变白了。在贝加尔湖边，苏武持节不屈19年，"匹夫之志"可以坚毅到如此的地步！虽然我们的时代已经没有了苏武这样持志的环境，但是每个人坚守自己的志向仍是非常重要的。

名家美文话格言

相关链接：心欲小而志欲大，智欲圆而行欲方。——《淮南子》

相关链接：丈夫不逆旅，何以济苍生。

——俞大猷：《秋日山行》

我自横刀向天笑，
去留肝胆两昆仑

我自横刀向天笑，去留肝胆两昆仑①。

——谭嗣同：《狱中题壁》

> **注** ①昆仑：昆仑山。

●●● 释义 ●●●

我自会面对着刀锋仰天长笑，去留下自己那如莽莽昆仑一样的浩然之气！

"望门投止思张俭，忍死须臾待杜根。我自横刀向天笑，去留肝胆两昆仑。"这首诗是戊戌六君子之一的谭嗣同在戊戌变法失败后，被封建顽固派囚于狱中，行将就义前夕所写的一首题壁诗。其情怀壮烈，一百多年来传遍了华夏大地，感染每一个怀有爱国热情的中华儿女，激起人们对为推动中国进步而献身的爱国志士们的无限的敬仰与怀念，也促使人们升华自己的爱国热情。

为了自己的志向，甘于牺牲自己的生命，在能够避免殉国的情况下，却毫不畏惧，挺身而上，谭嗣同的精神真可谓感天动地。

谭嗣同，字复生，湖南长沙浏阳人。10岁时，谭嗣同拜浏阳著名学者欧阳中鹄为师。在欧阳中鹄的影响下，他对王夫之的思想发生了兴趣，受到了爱国主义的启蒙。1888年，他在著名学者刘人熙的指导下开始认真研究王夫之等人的著作，汲取其中的民主性精华和唯物色彩的思想，同时又广为搜罗和阅读当时介绍西方科学、史地、政治的书籍，丰富自己。

1894年，中日甲午战争爆发。由于清政府的腐败无能和妥协退让，中国战败，签订了丧权辱国的《马关条约》。深重的民族灾难刺痛了谭嗣同的心，他对帝国主义的侵略义愤填膺，坚决反对签订和约，对清政府"竟忍以四百兆人民之身家性命一举而弃之"的妥协行径极为愤慨。在变法思潮的影响下，谭嗣同开始"详考数十年之世变，而切究其事理"，苦思精研挽救民族危亡的根本大计。他感到"大化之所趋，风气之所溺，非守文因旧所能挽回者"，必须对腐朽的封建专制制度实行改革，才能救亡图存。他指出，封建纲常礼义完全是那些独夫民贼用作统治的工具，特别是君臣之伦，更是"黑暗否塞、无复人理"。

1898年初，谭嗣同接受了倾向维新的湖南巡抚陈宝箴的邀请，回到湖南协助举办新政。他把《明夷待访录》《扬州十日记》等含有民族主义意识的书籍发给学生，向他们灌输革命意识，使时务学堂真正成了培养维新志士的机构。

1898年8月21日，谭嗣同抵达北京。9月5日，光绪下诏授给他和林旭、刘光第、杨锐四品卿衔，参与新政。次日，光绪又召见他，表示自己是愿意变法的，只是迫于太后和守旧大臣阻挠，并说："汝等所欲变者，俱可随意奏来，我必依从。即我有过失，汝等当面责我，我必速改。"光绪变法的决心和对维新派的信赖使谭嗣同非常感动，觉得实现自己抱负的机会已经在握。他参政时，维新派与顽固派的斗争已是剑拔弩张。慈禧等人早有密谋，要在10月底光绪去天津阅兵时发动兵变，废黜光绪，一举扑灭新政。9月21日，慈禧发动政变，捉拿维新派。谭嗣同听到政变消息后并不惊慌，置自己的安危于不顾，多方活动，筹谋营救光绪，但计划均告落空。在这种情况下，他决心以死来殉变法事业，用自己的牺牲去让民主有一点惊醒。谭嗣同把自己的书信、文稿交给梁启超，要他东渡日本避难，并慷慨地说："不有行者，无以图将来，不有死者，无以召后起。"日本使馆曾派人与他联系，表示可以为他提供"保护"，他毅然回绝，并对来人说："各国变法无不从流血而成，今日中国未闻有因变法而流血者，此国之所以不昌也。有之，请自嗣同始。"9月24日，谭嗣同在浏阳会馆被捕。9月28日，他英勇就义于北京宣武门外菜市口，临刑时他神色不变大声说道："有心杀贼，无力回天，死得其所，快哉快哉！"充分表现了一位爱国志士舍身报国的英雄气概。

为了自己的理想，不惜牺牲自己的生命，坚毅的爱国之志，令我们每一个人钦佩不已，如果我们每一个人都向谭嗣同的爱国热情看齐，祖国的明天必将更加辉煌！

相关链接：老冉冉其将至兮，恐修名之不立。——《离骚》

相关链接：猛志逸四海，骞翮思远翥。——陶渊明：《杂诗》

刑天舞干戚，猛志固常在

刑天舞干戚①，猛志固常在。
——陶渊明：《读＜山海经＞》

注 ①干戚：干，盾牌；戚，斧头。

●●● 释义 ●●●

刑天挥舞着盾牌和大斧，它的雄心和斗志永远不衰。

"精卫衔微木，将以填沧海。刑天舞干戚，猛志固常在。同物既无虑，化去不复悔。徒设在昔心，良辰讵可待！"这是陶渊明《读＜山海经＞》诗十三首中的第十首。《山海经》是一部记述古代神话传说及海内外山川异物的书。陶渊明的《读＜山海经＞》诗除第一首外，其余都是分咏书中所载的奇异事物。"刑天舞干戚，猛志固常在"讲的是在反抗斗争中失败的刑天，即使失去了头颅也不愿放弃抗争的斗志。

炎黄大战之时，在坂泉之野打了三次大仗，黄帝用强大的武力打败了炎帝，坐上中央天帝的宝座，炎帝的部将蚩尤战败，炎帝被迫退到南方。但炎帝的部下并不甘心失败，其中就有刑天发誓要与黄帝争夺神位。

刑天身材高大，是一个巨人，他是炎帝神农氏的武将，他爱好音乐，写了不少曲子来描写炎帝统治下幸福的生活，曾创作《扶犁曲》《丰年词》为炎帝祝寿。炎、黄大战，蚩尤举兵北伐，他跃跃欲试，但是被炎帝制止了，让他在南方留守。到了蚩尤战败后，刑天再也按捺不住自己的悲愤，他选择了去和黄帝本人面对面地战斗这种更直接的方式。刑天巨人左手持盾牌，右手提战斧，悄悄离开南方天庭，踏上了去北方的路途。

刑天孤身行千里，一路杀将过去，直杀到中央天庭的天门之外，他明确提出要与黄帝单挑独斗。黄帝想道：炎帝的部下，个个都是桀骜难驯，这个人单骑闯关，尤其大胆，若不将其斩杀树威，恐怕南方臣服无日。于是他亲自出马，舞动昆吾剑来斗巨人。两人在云端里剑斧交加，各自使出了平生的本事，只斗得天地为之变色，两人从天庭杀到凡界，又一路杀至西方常羊山，大战三百回合，不分胜负。黄帝一时间赢不了刑天，就使计分散巨人的注意，刑天心神微散，手中的战斧略松了一松，黄帝的昆吾剑便已削在他的脖子上，"轰"的一声巨响，硕大的头颅落地，把坚硬的山地砸出了个大坑。

黄帝怕刑天摸着了头颅接上，赶紧手起剑落，将常羊山一劈为二，把刑天的头颅埋入山内，大山又合而为一。于是黄帝得胜回朝了。而刑天断首，仍旧反抗不止，他捡起斧、盾，复挺身直立，赤裸着上身，以乳为目，以脐为口，手执盾牌和斧头向天挥舞，想与黄帝再决雌雄，在无物

之阵中战斗不息。此后，刑天成为不屈不挠地抗争着的人们的代名词，他代表了一种战斗到底、死不服输的精神。

刑天的斗争精神的确是有他的现实意义，我们每一个人，大到面对强权，小到面对眼前的困难，都不应该服输，要鼓起自己的勇气去进行挑战，这样我们才能够不断进步。

相关链接：粉身碎骨浑不怕，要留清白在人间。——于谦：《石灰吟》

相关链接：立志要定，不要杂；要坚，不要缓。——陈淳：《北溪字义·志》

性痴则志凝

性痴则志凝①。

——蒲松龄：《聊斋志异》

注 ①凝：凝聚。

●●● 释义 ●●●

心神专注，志向就会执著。

"性痴则志凝。故书痴者文必工，艺痴者技必良。世之落拓而无成者，皆自谓不痴者也"，这是蒲松龄《聊斋志异》中《阿宝》一文的篇末批语。阿宝是一个专注、执著的人，最后他有了一个很好的结局。蒲松龄就评论道："心神专注则志向就会执著，专注于书的人文章必然高妙，专注于艺术的人演技就一定绝好。"

将自己的爱好与志向统一起来，是一件非常好的事情，而对于自己的志向，痴迷地投入，也一定能够取得成就。

说到痴迷，就不能不说我们大家都熟知的数学家陈景润，这位向数学领域皇冠上明珠发起冲击的斗士，就是"性痴则志凝"的典型人物。

陈景润是我国著名数学家，中国科学院院士。他主要从事解析数论方面的研究，并在哥德巴赫猜想研究方面取得国际领先的成果。这一成果被国际上誉为"陈氏定理"，受到广泛引用。

　　1953 年，陈景润毕业于厦门大学数学系，毕业后到北京四中当了教师，后来回到厦门大学在图书馆工作。在厦门大学任图书馆资料员期间，陈景润除整理图书资料外，还担负着为数学系学生批改作业的工作，尽管时间紧张、工作繁忙，他仍然坚持不懈地钻研数学。陈景润利用一切可以利用的时间系统地阅读了我国著名数学家华罗庚有关数学的专著，为了能直接阅读外国资料，掌握最新信息，在继续学习英语的同时，陈景润又攻读了俄语、德语、法语、日语、意大利语和西班牙语。1956 年，在华罗庚先生的推荐下，陈景润来到中国科学院数学研究所工作，从此更加全身心投入到了数学研究中去。

　　为了证明哥德巴赫猜想，陈景润沿着极其艰难的路不断攀登，他的脑子里装的只有证明的过程以致忘却了其他一切的东西。在身体状况极为恶劣的情况下，不管是酷暑还是严冬，他都在自己不足六平方米的斗室里潜心钻研，光是计算的稿纸就足足装了几麻袋。徐迟在他的报告文学中这样描述陈景润的房间："这房间里还没有桌子。六平方米的小屋，竟然空如旷野。一捆捆的稿纸从屋角两只麻袋中探头探脑地露出脸来。只有四叶暖气片的暖气上放着一只饭盒。一堆药瓶，两只暖瓶。连一只矮凳子也没有。"而陈景润还用着煤油灯而不用电灯，他是这么叙述理由的："要灯不好。要灯麻烦。这栋大楼里，用电炉的人家很多。电线负荷太重，常常要检查线路，一家家的都要查到。但是他们从来不查我。我没有灯，也没有电线。要灯不好，要灯添麻烦了。"陈景润的专注直到了这样的地步，被大家说是"痴人"。经过十多年的不断努力，在 1965 年 5 月，陈景润发表了他的论文《大偶数表示一个素数及一个不超过 2 个素数的乘积之和》。1973 年，《中国科学》发表了陈景润的证明全文，国内外数学界公认他的论文是哥德巴赫猜想研究的重要里程碑，英国数学家哈伯斯坦和德国数学家黎希特把陈景润的论文写进数学书中，称为"陈氏定理"，从此"陈氏定理"成为世界数论专著中不可缺少的一章。

　　陈景润在生活当中，因为过于专注和执著，还有许多"痴"的事例：他在走路时思考，撞到了树，还问树为什么撞他；他在单位资料室查资料忘了时间，竟然被反锁在里面；由于过于专注，竟然忘了自己家在哪里，只得去问别人，幸好妻子来解救；他在日常生活中不知一些商品的分类，有的商品竟然连名字都叫不出来。而正是这种痴迷，让他沉浸在自己的数学世界中，终于获得了世界为之瞩目的成就。"性痴则志凝"，我们可能很难和陈景润一样痴迷于自己的志向，但是，对于目标专注的追求，心无旁骛，一定可以更快达到自己的目标。

名家美文话格言

相关链接：大丈夫处世，当扫除天下，安事一室乎！——《后汉书》

相关链接：人须先立志，志立则有根本。——谢良佐：《语录》

宜守不移之志，以成可大之功

宜守不移之志，以成可大之功①。

——苏轼：《赐太师文彦博乞致仕不允断来章批答》

注 ①可大之功：可能建树的大功业。

●●●● 释义 ●●●●

应该抱定志向不动摇，以此成就可能建树的大功业。

苏轼，字子瞻，号"东坡居士"，故又称"苏东坡"，是北宋著名的文学家、书画家。他与他的父亲苏洵、弟弟苏辙皆以文学名世，世称"三苏"。虽然苏轼一生在政治上郁郁不得志，但是他是继欧阳修之后主持北宋文坛的领袖人物，在当时的作家中间享有巨大的声誉。在才俊辈出的宋代，苏轼在诗、文、词、书、画等方面，均取得了登峰造极的成就，是中国历史上少有的文学和艺术天才。"宜守不移之志，以成可大之功"，说的是要成就大的功绩，就必须对自己的志向进行坚守。虽然苏轼本人是因其诗、文、词、书、画而名垂青史，政治上并无大的建树，但他对自己的政治理想，也是始终坚守的，而他在各地做官的时候，也是积极为民造福，深受

相关链接：志者，心之所之。之犹向也，谓心之正面全向那里去。——陈淳：《北溪字义》

百姓爱戴。《赐太师文彦博乞致仕不允断来章批答》一文，是苏轼替皇帝起草的批文，此类应用文多是套语，而其中这两句对立志则是非常有启发的。

在我国历史上，坚守自己的志向，不向一次又一次的失败低头，最终成就了自己的理想的人物也不在少数，其中最著名的人物之一，是立志东渡的鉴真和尚。

唐朝时，经济繁荣，国势强大，中国和日本的友好往来和文化交流空前繁荣。中国人也不断东渡日本进行中日文化交流，其中贡献最大的是鉴真和尚。

鉴真俗姓淳于，他不断钻研佛教经义，对律宗有很深的研究。唐玄宗开元元年（713 年），鉴真开始在扬州大明寺宣讲戒律，听他讲经和由他受戒的弟子达 4 万多人，他不断组织僧人抄写经书，多达 33 000 余卷，他还设计建造寺院 80 多所，日本来到大唐的留学僧也非常仰慕他的佛学造诣。

开元二十一年（733 年），日本第九次遣唐使来到大唐。随团前来的日本留学僧荣睿、普照受日本圣武天皇之命，约请鉴真东渡。虽然东渡日本在当时充满艰险，但鉴真说："为法事也（为了弘法传道），何惜生命！诸人不去，我即去也。"鉴真去意已定，开始了东渡日本的准备。

第一次东渡日本，鉴真和弟子祥彦等 21 人从扬州出发，因受到官厅干涉而失败。第二次东渡他买了军船，采办了不少佛像、佛具、经疏、药品、香料等，随行的弟子和技术人员达 85 人之多。可是船出长江口，就受风击破损，不得不返航修理。第三次出海，航行到舟山海面又因触礁而告失败。第四次东渡，鉴真准备由福州出海，可是在前往温州途中被官厅追及，强制回扬州，又没有成功。

天宝七年（748 年），鉴真进行第五次东渡，他从扬州出发，在舟山群岛停泊 3 个月后横渡东海时又遇到台风，在海上漂流了 14 天后，到了海南岛南端的崖县。在辗转返回扬州途中，弟子祥彦和日本学僧荣睿相继去世，鉴真本人也因长途跋涉，暑热染病，双目失明。

唐天宝十二年（753 年）十月十五日，日本第十次遣唐使归国前夕，众遣唐大使同到扬州延光寺参谒鉴真。藤原大使说："早闻大和尚曾五次东渡日本欲去传教，今日得见，万分荣幸，若大和尚仍有此愿，弟子等有船四艘返日，应用物品具备，不知肯同行否？"鉴真虽已66岁高龄，且双目失明，但为了传教授戒，为了中日人民的友好及文化交流，便应允了日方恳请。这一次东渡，终于在历经千难万险后成功了。

天宝十三年(754年)，鉴真到达日本首都奈良，受到日本举国上下盛大的欢迎，皇族、贵族、僧侣都来拜见。鉴真在日本10年，他对中日文化交流作出了巨大的贡献。他率弟子仿扬州大明寺格局设计修建了唐招提寺，至今仍存，被视为日本国宝，对日本建筑艺术有重要影响。他把律宗传至日本，成为日本律宗的始祖，他还对日本医药学的发展作出了贡献。他带到日本的中国佛经印刷品和书法碑帖对日本的印刷术、书法艺术有很大影响。

鉴真和尚抱着"为法事也"的不移之志，6次东渡，终于成就了名垂青史的事业。

丈夫为志，穷当益坚，老当益壮

丈夫为志，穷当益坚，老当益①壮。

——范晔：《后汉书·马援列传》

> **注** ①益：更加。

●●● 释义 ●●●

大丈夫立志，应当在穷困时更加坚定，到了年纪老大时，更加刚强。

范晔是南朝宋的史学家，所撰《后汉书》记载了东汉的历史。"丈夫为志，穷当益坚，老当益壮"这句话是《后汉书·马援列传》中马援所说，在这里马援表明了自己的志向，就是大丈夫真正的志向在任何条件下都是不屈不挠的，不会随着境遇的变迁和时间的推移而变化。

马援字文渊，扶风茂陵（今陕西兴平东北）人，东汉著名的军事家。因功累官伏波将军，封新息侯。

马援"少有大志，诸兄奇之"（《后汉书·马援列传》）。曾跟人学习《齐诗》，但其心不在章句上，学不下去。于是，他向长兄马况告辞，要到边郡去种田放牧。马况很开明，遵从他的意向，嘱咐他说："汝大才，当晚成。良工不示人以朴，且从所好。"（《后汉书·马援列传》）但没等马援出发，马况就去世了，马援留在家中，为哥哥守孝一年。

王莽末年，四方兵起。马援在与光武帝刘秀的接触中觉得刘秀有汉高祖之风，于是决定为汉朝中兴出力。马援屡立战功获得了光武帝的赞赏，光武帝任命马援为伏波将军，此后，世人皆称马援为马伏波。建武十八年（42年）春，马援率军到达浪泊征讨造反的徵侧，与敌大战，攻破其军，斩首数千级，降者万余人。马援乘胜进击，在禁溪一带数败徵侧，敌众四散奔逃。第二年正月，诛杀了徵侧。朝廷封马援为新息侯，食邑三千户。建武二十年（44年）秋，马援率部凯旋回京，还没到京师，好多老朋友都去迎接他，慰问他。面对一片赞美之声，马援对来迎接他的好友孟冀祖露了自己的心迹："方今匈奴、乌桓尚扰北边，欲自请击之。男儿要当死于边野，以马革裹尸还葬耳，何能卧床上，在儿女子手中邪？"孟冀说："谅为烈

相关链接：马思边草拳毛动，雕盼青云睡眼开。——刘禹锡：《始闻秋风》

立志

名家美文话格言

相关链接：丈夫志四海，我愿不知老。——陶渊明

士，当如此矣。"这便是"马革裹尸"这一成语的来历，它表明了马援老当益壮、为国捐躯的壮志。

建武二十四年（48年），南方武陵五溪蛮暴动，武威将军刘尚前去征剿，冒进深入，结果全军覆没。马援时年62岁，请命南征。光武帝考虑他年事已高没有答应他的请求。马援当面向皇帝请战，说："臣尚能被甲上马。"光武帝让他试试，马援披甲持兵，飞身上马，真正是老当益壮。光武帝见马援豪气不除，雄心未已，很受感动，笑道："矍铄哉是翁也！"于是派马援率领中郎将马武、耿舒、刘匡、孙永等人率4万人远征武陵。但是此役地处南疆，环境险恶，加上天气酷热难当，好多士兵得了暑疫等传染病而死，马援也身患重病最终死在了战场上，实现了自己马革裹尸的心愿。

一个人有志向完成自己的事业是非常重要的，而有一个终身为之奋斗的目标并不断前进，永远进步更是一种非常高的境界。

志不强者智不达

志不强者智①不达。

——《墨子·修身》

> **注** ①智：智力，智慧。

••••• 释义 •••••

志向不坚定的人智慧就得不到充分的发挥。

　　"志不强者智不达"是《墨子·修身》中的一句话，意思是要充分发挥自己的智慧，就必须有坚强的意志。许多人能够获得成功，都是天才加勤奋的结果，而在这里面勤奋又起了一个重要的作用。如果志向不坚定，那么再聪明的人也成不了大事。

　　我国古代有许多的科学家，对世界科技的发展作出了重大的贡献，其中很著名的一位就是祖冲之。祖冲之是南北朝时期的著名数学家、天文学家和机械制造家，他还精通音律，擅长下棋，写有小说《述异记》。祖冲之著述很多，但大多都已失传。可以说祖冲之是一位少有的博学多才的人物。祖冲之现在还为很多人所知，则更多的是因为他是世界上第一个把圆周率的准确数值计算到小数点以后七位数字的人。

在天文历法方面和生产实践当中，凡是牵涉到圆的一切问题，都要使用圆周率来推算。求算圆周率的值是数学中一个非常重要也是非常困难的研究课题。我国古代数学家们对这个问题十分重视，研究也很早。魏晋之际的著名数学家刘徽在为《九章算术》作注时，创立了当时新的推算圆周率的方法——割圆术。他设圆的半径为1，把圆周六等分，作圆的内接正六边形，用勾股定理求出这个内接正六边形的周长；然后依次作内接十二边形，二十四边形……，至圆内接一百九十二边形时，得出它的边长和为6.282048，而圆内接正多边形的边数越多，它的边长就越接近圆的实际周长，所以此时圆周率的值为边长除以2，其近似值为3.14，并且说明这个数值比圆周率实际数值要小一些。刘徽所创立的割圆术，是探求圆周率数值的过程中的重大突破。后人为纪念刘徽的这一功绩，把他求得的圆周率数值称为"徽率"或称"徽术"。

祖冲之认为自秦汉以至魏晋的数百年中研究圆周率成绩最大的学者是刘徽，但并未达到精确的程度，于是他进一步精益钻研，去探求更精确的数值。他研究和计算的结果，证明圆周率应该在3.1415926和3.1415927之间。从当时的数学水平来看，祖冲之是继承了刘徽所创立和首先使用的割圆术，并且加以发展，因此获得了超越前人的重大成就。

祖冲之按照刘徽的割圆术之法，设了一个直径为一丈的圆，在圆内切割计算。当他切割到圆的内接一百九十二边形时，得到了"徽率"的数值。但他没有满足，继续切割，作了三百八十四边形、七百六十八边形……一直切割到二万四千五百七十六边形。最后求得直径为一丈的圆，它的圆周长度在三丈一尺四寸一分五厘九毫二秒七忽到三丈一尺四寸一分五厘九毫二秒六忽之间，即如果圆的直径为1，那么圆周大小介于3.1415926与3.1415927之间。

如此精密的计算，是一项极为细致而艰巨的脑力劳动。在祖冲之那个时代，算盘都还未出现，人们普遍使用的计算工具叫算筹，它是一根根几寸长的方形或扁形的小棍子。通过对算筹的不同摆法，来表示各种数目，叫作筹算法。如果计算数字的位数越多，所需要摆放的面积就越大。用算筹来计算不像用笔，只要一有差错，比如算筹被碰偏了或者计算中出现了错误，就只能从头开始。祖冲之要求得精确的圆周率数值，就需要对九位有效数字的小数进行加、减、乘、除和开方等十多个步骤的计算，每个步骤都要反复进行十几次，最后计算出的数字达到小数点后十六七位。今天，即使用算盘、纸笔来完成这些计算，也不是一件容易的事。可以想象，在一千五百多年前，一位中年人在昏暗的油灯下，不停地摆放数以万计的算筹，还要日复一日地重复这种状态，一个人如果没有坚强的意志，是绝对完不成这项工作的。

祖冲之用无比坚忍的意志为基础，充分发挥了自己的智慧，取得了受到全世界尊重的成就。同样，我们每个人要真正发挥自己的聪明才智，就必须要凭借坚强的意志付出辛勤的劳动。

152

众少成多，积小致巨

众①少成多，积小致巨。

——《汉书·董仲舒传》

注 ①众：聚集。

●●●● 释义 ●●●●

　　很少的东西聚集起来就会变多，很小的东西放到一起就会变得巨大。

　　《汉书·董仲舒传》中有一段话："众少成多，积小致巨，故圣人莫不以暗致明，以微致显。是以尧发于诸侯，舜兴乎深山，非一日而显也，盖有渐以致之矣。"很少的东西聚集起来就会变多，很小的东西放到一起就会变得巨大。这段话举了尧从诸侯开始最后升为帝，而舜曾在历山中耕作后来才兴起的例子，说明这些都不是一日之功。"众少成多，积小致巨"后来演化成一句成语"积少成多"。

　　"众少成多，积小致巨"说明了做好一件件的小事情，便足以成就大事业，这是一条成功定律。这句话也说明每个人都可以成功，而成功就是从一件件小事情做起的。孟子说过"人皆可以为尧舜"，而要成为尧

名家美文话格言

相关链接：立志用功如种树然，方其根芽，犹未有干；及其有干，尚未有枝；枝而后叶，叶而后花。——王阳明：《传习录》

舜，就要从少聚起。从小事做起，普通人也会变得不平凡，我们现在经常要提起学习一个人，这个人就是不平凡的普通人的代表，他做了一件又一件普通而又平凡的事情，但是一件件聚集起来，使得他成为一代又一代中国人的榜样，这个人就是雷锋。

"雷锋"二字现在已经超越了具体的个人，而成为一种象征。但是对雷锋本人来讲，他的每一件事迹都是很普通的。雷锋同志 1940 年农历十二月十八日出生于湖南望城县一个贫寒农家。在他出生时，他的家已接近家破人亡，在他出生后的短短 4 年多时间里，他的爷爷、爸爸、妈妈、哥哥、弟弟共 5 位亲人，被当地的地主恶霸逼迫，相继悲惨死去。雷锋不足 7 岁就成了孤儿，完全由村里的乡亲拉扯成人。1949 年，雷锋的家乡解放了。雷锋这个孤苦儿才算苦尽甘来，翻了身，得到了党和人民政府的亲切关怀。这之后，正如雷锋在《雷锋日记》里所说的，是共产党给了他幸福的生活，送他上学，培养他成长。因此，他在不长的生命里一直怀着对共产党的无限深情，样样都奋勇当先，努力做好每一件事情，帮助任何一个他见到的需要帮助的人。

有关雷锋做好事的故事多少年来脍炙人口，他的名字成了做好事的象征。有一次，雷锋因腹疼到团部卫生连开了些药回来，见本溪路小学的大楼正施工，便推起一辆小车帮着运砖。当市二建公司敲锣打鼓送来感谢信时，部队领导才知道这件好事。雷锋是孤儿又是单身汉，在工厂有工资，入伍时有 200 元的积蓄。后来，他把 100 元钱捐献给公社，辽阳地区遭受水灾时，他又将 100 元寄给了辽阳市委。雷锋入伍当年每月有 6 元钱的津贴，全用于做好事了。自己的袜子补了又补，平时舍不得喝一瓶汽水。从 1961 年开始，雷锋经常应邀去外地作报告，人们流传着这样一句话："雷锋出差一千里，好事做了一火车。"一次，雷锋外出换车发现一个背着小孩的中年妇女车票和钱丢了，就用自己的津贴费买了一张去吉林的火车票塞到大嫂手里。5 月的一天，雷锋冒雨要去沈阳，他为了赶早车，早晨 5 点多就起来，带了几个馒头就披上雨衣上路了。路上，他看见一位妇女背着一个小孩，手里还领着一个小女孩也正艰难地向车站走去。雷锋脱下身上的雨衣披在这位妇女身上，又抱起小女孩陪她们一起来到车站，上车后，雷锋见小女孩冷得发颤，又把自己的贴身线衣脱下来给她穿上，雷锋估计她们早上也没吃饭，就把自己带的馒头给她们吃。火车到了沈阳，天还在下雨，雷锋又一直把她们送到家里。正是这样一件件的小事，成就了一个伟大的雷锋。

每一个普通的人，通过一件件小事的积累，都可以走向成功。

名家美文话格言

相关链接：心随朗月高，志与秋霜洁。——佚名

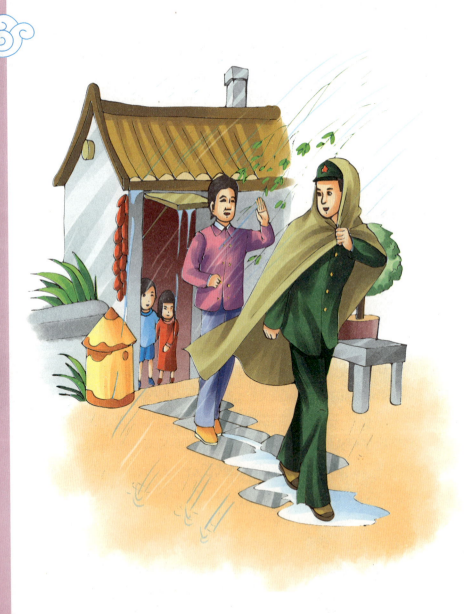

志须励

让自己充满实现志向的勇气，为了达到目标不断超越自我，理想的彼岸就一定不会遥远。

不可以一时之失意，而自坠其志

不可以一时之得意，而自夸其能；亦不可以一时之失意，而自坠①其志。

——冯梦龙：《警世通言·钝秀才一朝交泰》

> **注** ①坠：低贱。

●●● 释义 ●●●

不能因为一时的得意，而夸耀自己的能力；也不能因为一时的失意，就丧失意志，沉沦颓废。

冯梦龙是明朝文学家。他所编辑整理的明代话本小说集《喻世明言》《警世通言》和《醒世恒言》合称"三言"，是他的代表著作。《警世通言·钝秀才一朝交泰》写钝秀才马任，原出生在官宦家庭，后落拓，经过磨难又发达的过程。这几句话，是在故事开场白中所说，充分说明了持志、立志的重要。

要在得意与失意之时都保持清醒的头脑，坚定地向自己的目标前进，是一件不容易的事情，我们国家伟大领袖毛泽东同志可以说是这样做的表率。

1931 年，中华苏维埃共和国临时政府在江西瑞金成立，毛泽东被选为主席。从 1930 年底起，他同朱德领导红一方面军战胜了国民党军队的多次"围剿"。但是以王明为代表的"左"倾路线领导集团进入中央革命根据地以后，将毛泽东排斥于党和红军的领导之外。1934 年，蒋介石率 50 万大军发动第五次"围剿"。红军则采用了全线出击，御敌于国门之外，决不放弃一寸土地，硬碰硬的错误战略，结果是以卵击石。红军虽然英勇，也不能改变巨大的敌我差距，违背战争规律的行动只能吞下失败的苦果。1934 年 4 月，采用阵地战战术的红军在广昌战役中被击溃，损失惨重。此时的毛泽东，看着自己正确的战略与思想无法实施，看着红军惨重的损失，心情极为沉重，但他没有因此而消沉，在云石山上的一座古寺里，他对来看望他的杨至成说："我们要做工作，要等待。不管遇到什么挫折，革命总会成功的，对于这一点，我们不能有丝毫的动摇。在中国这样的半封建半殖民地社会里，要取得革命的胜利，绝没有平坦的道路可走。至于我们个人，受些委屈不要紧。中国不是有句老话，叫'宰相肚里能撑船'，我们是无产阶级革命战士，不但肚里要能撑船，还要能放得下飞机大炮才行呢！"这段话，充分反映了毛泽东同志坚定的革命信念和坚强的意志品质。

终于，1935 年 1 月，中共中央政治局在贵州召开扩大会议（即遵义会议），确立了以毛泽东为代表的新的中央领导，中国革命又走上了光明的道路。

1946 年夏，蒋介石发动全面内战后，毛泽东领导中国人民解放军进行积极防御，集中优势兵力，各个歼灭敌人。由辽沈、淮海、平津三大战役为主所组成的战略大决战胜利结束后，中国的政治形势已经十分明朗：中国人民革命战争在全国范围内的胜利已经不需要太长的时间了。面对这种急转直下的不利局势，甘冒天下之大不韪、悍然发动全面内战、把和平之门关死的国民党政府，忽然通过种种渠道，放出要进行"和平谈判"的空气来。

1949 年元旦，蒋介石发表要求同中共和谈的《新年文告》，提出要以保存所谓"宪法""法统"及"国军"等作为谈判的前提。这场"和平"活动，使国内一部分人产生了不切实际的幻想。有一些中等资产阶级和上层小资产阶级分子，害怕革命的进一步发展会损害他们的利益，希望革命就此止步，或者带上温和的色彩。有的资产阶级右翼分子要共产党把人民

相关链接：人生若波澜，世路有屈曲。——李白：《古风》

革命战争"立即停下来",反对"除恶务尽"。在国际上,也出现各种各样的议论,似乎中国人民的革命斗争应该适可而止。

此时的毛泽东依旧表现出了高度的政治敏锐性、政治辨别力和政治坚定性,及时地抓住关键性的问题,旗帜鲜明地提出自己的主张——"将革命进行到底"。1949年4月23日,解放军占领国民党的统治中心南京。毛泽东奋笔写下了著名的《七律·人民解放军占领南京》,其中那一句"宜将剩勇追穷寇,不可沽名学霸王",充分反映了毛泽东在革命顺利进行之时的客观冷静。

在任何条件下,我们都要保持清醒的头脑,不断激励自己向目标迈进。

名家美文话格言

相关链接:非无江海志,潇洒送日月。——佚名

相关链接：立志之始，在脱习气。——王夫之：《姜斋文集》

故天将降大任于斯人也，必先苦其心志，劳其筋骨

故天将降大任①于斯人也，必先苦②其心志，劳③其筋骨，饿④其体肤，空乏⑤其身，行拂⑥乱其所为，所以动心忍性，曾⑦益其所不能。

——《孟子·告子下》

注
① 任：责任，担子。
② 苦：使……痛苦。
③ 劳：使……劳累。
④ 饿：使……饥饿。
⑤ 空乏：使……受到贫困之苦。
⑥ 拂：违背。
⑦ 曾：同"增"。

所以上天将要降下重大责任在这样的人身上，一定要先使他的内心痛苦，筋骨劳累，经受饥饿，以致肌肤消瘦，使他受贫困之苦，使他做的事颠倒错乱，总不如意，通过这些来使他的内心警觉，性格坚定，增加他不具备的才能。

"故天将降大任于斯人也，必先苦其心志，劳其筋骨，饿其体肤，空乏其身，行拂乱其所为，所以动心忍性，曾益其所不能"，这段话是《孟子》中最有名的句子之一。后人常常引用这段话为座右铭，它激励了无数志士仁人在逆境中奋起。这段话的思想基础是一种至高无上的英雄观和浓厚的

生命悲剧意识，一种崇高的献身精神，是对生命痛苦的认同以及对艰苦奋斗而获得胜利的精神的弘扬。

对人的一生来说，逆境和磨难不一定是坏事。生命说到底是一种体验。因此，对逆境和忧患的体验倒往往是人生的一笔宝贵财富。我们可以在磨难中奋起，取得更大的成就。

面对逆境与磨难，不同的人以不同心态与方式面对它。有的人，将磨难视为一种挑战，经过逆境后更坚强、更富有战斗力。在翻越它后，获得更为饱满的力量。有的人，将逆境当作命运的魔鬼，在它面前丧失勇气、一蹶不振。正如一位哲人说过的："磨难对强者是垫脚石，对弱者却是万丈深渊。"

对于一个人来说，逆境源于外界，坚韧则源于内心。保持良好的精神状态和拼搏向上的进取精神，是战胜挫折、摆脱困境、超越困境的灵丹妙药。人的能力有大小，天分有高低，生活的环境有优劣，但只要自强不息，顽强拼搏，惜时

如金，辛勤耕耘，便会成就一番事业，创造出属于自己的辉煌。"风光无限好，爱拼才会赢"，爱拼、敢拼、会拼，愈挫愈勇，厚积薄发，方是战胜挫折之法宝。如果自己放弃了自己，自己对自己失望了，任何外来的关心和照顾，都只是别人的一种怜悯和施舍，对改变自己的命运无济于事。缺乏脊梁骨的人，谁也没法使他抬起头来。正如有的人所说：百分之九十的失败者其实不是被打败，而是自己放弃了成功的希望。能够感动别人、改变命运、获得成功的，永远是那些能够全力以赴与挫折抗争，一次次倒下又一次次奋力站起来的人。

名家美文话格言

相关链接：忧劳可以兴国，逸豫可以忘身，自然之理也。——欧阳修：《五代史伶官传序》

相关链接：男子千年志，吾生未有涯。——文天祥：《南海》

君子不恤年之将衰，
而忧志之有倦

君子不恤^①年之将衰，而忧志之有倦。

——徐幹：《中论》

注　①恤：忧虑。

····· 释义 ·····

君子不为自己年老衰弱忧虑，而忧虑自己的意志倦怠。

徐幹是东汉末学者、文学家、哲学家，"建安七子"之一，现存有诗 3 首，赋 1 首及学术著作《中论》20 篇。"君子不恤年之将衰，而忧志之有倦"是《中论》中的一句话，讲的是有志向的人不会因为年纪的衰老而忧虑，而会对自己的志向孜孜以求。

被誉为"中国当代经济学家之父"的陈翰笙先生，就是这样一位对自己志向的追求永不倦怠的人物。

陈翰笙生于江苏无锡县城。1915 年，为实现"科学救国"的理想，陈翰笙赴美国勤工俭学，在芝加哥大学获得历史学硕士学位，又赴德国，在柏林大学获得博士学位。1925 年，陈翰笙回国后，任职北京大学，是当时北大最年轻的教授，也是最受学生欢迎的教授之一。1932 年，陈翰笙参与宋庆龄、蔡元培等人组织的中国民权保障同盟，多方营救被捕的革命同志和爱国人士，同国民党反动派进行针锋相对的斗争。1935 年，为躲避国民党特务追捕，他先去日本，再赴苏联，并任莫斯科东方共产主义劳动大学特约研究员。同年，他加入中国共产党。

1936 年，陈翰笙前往美国纽约，宣传党的主张，号召爱国侨胞抗日，争取美国政府支持中国的抗日战争。1939 年 5 月，由美国回到香港，协助宋庆龄和埃德加·斯诺夫人及艾黎等友人发起组织的工业合作运动，担任工合国际委员会秘书并主持日常工作，负责向国际宣传、接受捐献、转运物资。1946 年，根据周恩来的指示，陈翰笙再度前往美国，先后在华盛顿州立大学、约翰·霍普金斯大学、宾夕法尼亚大学任教，并在约翰·哈近大学国际问题研究所和纽约亚洲研究所做研究工作。他撰写文章，在旧金山、芝加哥、纽约等城市发表演说，揭露蒋介石政权的黑暗统治和发动内战的阴谋。

中华人民共和国成立后，陈翰笙受周恩来总理电邀，于 1950 年 1 月回国。周总理原希望他担任外交部副部长，可他只接受担任顾问，仍愿以较多时间从事学术研究。1952 年 3 月，宋庆龄倡议创办英文刊物《中国建设》，由他和金仲华等共同主持编辑工作，他以经济学家和史学家的优美文笔，反映新中国建设的方方面面，受到外国友人欢迎。

1978 年党的十一届三中全会以后，陈翰笙虽已年过 80，但他"不恤年之将衰，而忧志之有倦"，干劲不减当年，欣然担任中国社会科学院顾问和该院世界历史研究所名誉所长，以及农业经济、南亚、社会科学情报等研究所的学术委员，并担任北京大学、外交学院教授、硕士和博士研究生导师，《中国大百科全书》外国历史的编委会主任，还为商务印书馆主编外国历史小丛书，与卢文迪、彭家礼为中华书局合编《华工出国史资料汇编》5 辑。在以后的 20 多年里，陈翰笙笔耕不辍，发表了大量有价值的著作，还极其重视中等教育和幼儿教育，尤其关心学生的道德教育。无论身体状况如何，他都坚持做教育工作。

陈翰笙于 2004 年 3 月 13 日逝世，他的一生经历了清朝末年、北洋军阀、国民党统治和新中国 4 个时代，他为中国人民反对黑暗统治、反对外国侵略、争取民族解放的斗争，为我国的社会科学研究事业、教育事业以及民间外交活动的开展献出了毕生精力。

享年 108 岁的陈翰笙，用一个世纪的时间来为国家和人民作贡献。我们每个人，都要像他那样，在自己有限的生命里，尽可能地多做一点事情。

立志

相关链接：壮心，未与年俱老，死去犹能作鬼雄。——陆游

君子之志于道也，不成章不达

流水之为物也，不盈科①不行。君子之志
于道也，不成章②不达③。

——《孟子·尽心上》

 注 ①科：物体的中空，坑、坎。
②成章：章，花纹。指学识道德的积累，达到了可以让人看出成就的程度。
③达：通"达"，旁通。

●●● 释义 ●●●

流水这东西的性质就是不把坑填满，就不会再向前流；君子有志于圣人之道，没有一定的成就，是不能达到想要的境地的。

"流水之为物也，不盈科不行。君子之志于道也，不成章不达"，这段话指明了一个人如何实现自己所立之志的问题。孟子强调，不能急躁冒进，也不能投机取巧，而应该稳扎稳打，通过不断的积累，循序渐进。

孟子用流水作比喻，是非常恰当的。《老子》中有这么一句话："上善若水，水利万物而不争。"可以说，水是至柔之物，而至柔的水在前流的过程中却有无可阻挡的气势，就是因为水永远是充满了一个空间再向下一个空间前进，使得阻碍它成为极为困难的事情。对于立志成功也是如此，只有不断地积累，积累学识、积累经验、积累所有对成功有用的东西，成功才会一步步向你走来。

张大千是20世纪中国画坛最为传奇的大师，他一生不断积累、不断探索艺术的过程，非常好地体现了"不成章不达"的成功之道。

张大千的艺术，传统功力深厚，技法画路宽广，题材风格广博，成就影响巨大。他写意、工笔、水墨、设色，无不擅长，山水、花鸟、人物、走兽，无一不精，而且雅俗共赏。他兼能书法、篆刻，对诗词、鉴赏、画史、画论也有精湛的研究。他画荷花和海棠及工笔人物，独树一帜，俱臻妙境，与齐白石并有"南张北齐"之誉，被徐悲鸿誉为"五百年来第一人"。所有这些，都源于他不断的学习与积累。

张大千的艺术生涯和绘画风格，经历"师古""师自然""师心"三个阶段：40岁前"以古人为师"，40岁至60岁之间"以自然为师"，60岁后"以心为师"。

张大千早年遍临古代大师名迹，自古以来，一个中国画家能否承前启后、功成名就，很大程度上要看他的传统功底是否深厚。张大千曾用大量的时间和心血临摹古人名画，特别是他临仿石涛和八大山人的作品更是惟妙惟肖，几近乱真，也由此迈出了他绘画的第一步。他从清代石涛起笔，到八大山人、陈洪绶、徐渭等，进而广涉明清诸大家，再到宋元，最后上溯到隋唐。他把历代有代表性的画家一一挑出，由近到远，潜心研究。然而他对这些并不满足，又向石窟艺术和民间艺术学习，他在敦煌面壁3年，临摹了历代壁画，这些壁画以时间跨度来看，历经了北魏、西魏、隋、唐、五代等朝代。

师法古人自然重要，但师法造化更重要，历代有成就的画家都奉行"外师造化，中得心源"的做法。张大千在学习古人的同时，也深得古人思想精髓，并且身体力行。他平生广游海内外名山大川，中国的土地，无论是辽阔的中原、秀美的江南，还是苍莽的塞外，都留下了他的足迹。50岁之后，张大千更是开始周游世界，先后在香港、印度、阿根廷、巴西、美国等地居住，并游历欧洲、北美洲、南美洲、东南亚等地的名胜古迹。所到之处，他都写了大量的记游诗和写生稿，积累了取之不尽、用之不竭的创作素材，为他日后艺术的不断创新创造了良好的条件。

相关链接：莫等闲，白了少年头，空悲切。——岳飞：《满江红》

张大千也是一个用功刻苦，读书渊博的画家。他平时教导后辈："作画如欲脱俗气、洗浮气、除匠气，第一是读书，第二是多读书，第三是须有系统、有选择地读书。"画画和读书都是张大千的日常生活，他读书涉猎很广，经、史、子、集无所不包，并不只限于画谱、画论一类的书。

可以看出，张大千之所以取得了辉煌的成就，与他的不断学习与积累是分不开的，对于每个人来讲，要取得成功、戒骄戒躁、不断学习是必须经历的过程。

名家美文话格言

相关链接：男儿志在安天下，破旧山河再造新。——杨超

相关链接：非行之难，终之斯难。——吴兢：《贞观政要》

靡不有初，鲜克有终

靡①不有初②，鲜③克④有终。

——《诗经·大雅·荡》

> **注**
> ①靡：无。
> ②初：开始。
> ③鲜：少。
> ④克：能。

•••• 释义 ••••

任何事情都有个开头，但很少能坚持到最后。多用以告诫人们为人做事要善始善终。

"荡荡上帝，下民之辟。疾威上帝，其命多辟。天生烝民，其命匪谌。靡不有初，鲜克有终"，是《诗经·大雅·荡》中的诗句。其中的最后一句说明了一个自古以来就很常见的规律，就是任何事情都会有一个开头，但是由于种种原因，能够坚持到最后，善始善终的却永远是少数。

我们从立志的角度来看这句话，要完成自己的志向，立志只是第一步。立一个口头的志向而不去做，这一点任何人都是可以做到的，但是要真正朝自己的目标努力并最终达到，其中肯定要付出异常的艰辛。因此，在前进的过程中，我们要不断激励自己，用顽强的意志力克服重重困难，达到光辉的彼岸。

在世界上，意志力是无法替代的。天赋无法替代它，有天赋却失败的人比比皆是；教育无法替代它，受教育却失败的人到处都有；才能无法替代它，有才能却失败的人随时可见。可以看到，缺乏了意志力，缺乏了对自我的激励，许多事情就会半途而废。

用心不专一的人，就缺乏意志力。"立志要定，不要杂"，这类人就做不到这一点，给自己定的目标太多，期望值非常高，但是好高骛远，一个目标还没有达到，就想到了另一个，这山望着那山高，做什么事情都是三心二意，虽然很努力，但最后竹篮打水一场空。因为缺乏恒心，最终什么事情都没办成，什么事情都办不好。所以说，一个人做事首先要专一，立志要坚定。

没有自信的人，也缺乏意志力。这类人对自己缺乏信心，"妄自菲

薄"，不相信自己有力量，即使知道自己有力量也认为力量不够。事情还没有开始办，就已经患得患失，失败了怎么办？对自己的影响是怎样？这样就导致做事情进一步，退两步。最终因为没有自信，夸大了自己的弱点，让弱点盖过了自己的长处，使自己的力量得不到丝毫的发挥。对这类人已经没有意志力可言，事情刚刚开始就失败了。

办事不果断的人，也缺乏意志力。这类人缺乏独立性，做事情没有主见，干工作缺乏办法，优柔寡断，前怕狼、后怕虎，总有说不清的顾虑，总是担心这个或那个，害怕创新，也非常害怕失败。这类人还非常容易接受他人暗示，受到他们的影响，并因此而经常改变自己的做法，最终将事情搞得不伦不类以失败而告终。

缺乏自制能力的人，不会有意志力。这类人不能压抑自己的欲望，喜欢随心所欲，想怎么干就怎么干，头脑受情绪指挥，好冲动，不能顺从理性，不知道如何克制自己。这类人立下志向并为之努力奋斗的过程有时候非常令人敬佩，但是最终却常常被一些卑小的欲望所干扰，将事情搞得一败涂地。

由于缺乏意志力，使得事情都无法善始善终。要打破"靡不有初，鲜克有终"的怪圈，我们就要做一个有意志力的人，做一个会自我激励的人。要有实现理想的自信心，并能激励自己去征服实现理想过程中的任何阻碍。一个有意志的人能克服一切困难，不论所经历的时间有多长，付出的代价有多大，无坚不摧的意志力终能帮助你达到成功的目的。

士不可以不弘毅，任重而道远

士不可以不弘毅①，任重而道远。

——《论语·泰伯》

> **注** ①弘毅：刚强而有毅力。

●●● 释义 ●●●

　　士人不可以不刚强坚毅，因为他的责任重大，奋斗的历程遥远。

　　"士不可以不弘毅，任重而道远"出自《论语·泰伯第八》，为曾子所说。曾子是孔子的学生，名参，字子舆。孔子弟子三千，颜回最贤，但早死，唯曾子得传孔子之道，是孔子最优秀的学生，在孔门后学中具至高地位，孔子的孙子子思学于曾子，而孟子则受业于子思的门人。

　　弘毅，朱子注云："弘，宽广也。毅，强忍也。非弘不能胜其重，非毅不能致其远。"朱子又转引程颐的话："弘而不毅，则无规矩而难立；毅而不弘，则隘陋而无以居之。"又曰："弘大刚毅，然后能胜其任而致其远。"（见朱熹《四书集注》）。据此可把弘毅译为"抱负远大，意志坚强"或"心胸宽广，意志坚强"。但弘毅还有另一解。杨伯峻在其《论语译注》中认为"弘毅"就是"强毅"。强，刚强，坚强；毅，有决心，有果断和不为外力所动摇的勇敢。弘毅，即刚强而有毅力。显然，解读"弘毅"，关键在"弘"字。弘字在《论语》中用法有二：一是动用法，义为"使之广大"，亦即弘扬、光大之意，如"人能弘道，非道弘人"（《灵公第十五》）便是。而"执德不弘"（《子张第十九》）则是第二种用法，此"弘"字即今之"强"字；若解作"大"或"宽"，则较牵强。所以在这里，我们认为，弘毅取后一种解释更为合理。

我国十大元帅之一的陈毅同志一生坚持"士不可以不弘毅，任重而道远"，他的名字便来于此。陈毅5岁那年开蒙入学，父亲陈昌礼给他取学名叫世俊，号仲弘，希望他能成为一个才智出众的俊杰人物。陈毅从小勤奋好学，记忆力强，书读几遍就能背诵。他受父亲影响，喜爱诗词与下棋。在成都德胜乡读高小时十分敬佩苏洵，曾说他"最喜爱读苏老泉的文章"。北宋文学家苏洵，字明允，为此陈毅曾将"明允"倒过来，一度取名"陈允明"。陈毅15岁考入成都甲种工业职业学校，18岁赴法勤工俭学。一

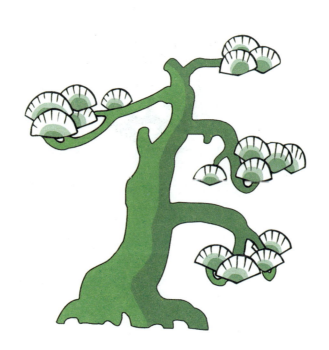

天，他读到了曾子"士不可不弘毅，任重而道远"这句话，感触很深。他想，要推翻压在中国人民头上的三座大山，同恶势力斗争，任重而道远，光有弘（刚强）不够，还须有毅（毅力），坚持始终，于是他改名陈毅，将号"仲弘"与名"毅"有机结合在一起。他考取留法勤工俭学的红榜上即署名"陈毅"。从此，陈毅常用"弘毅"来警策自己。他22岁加入中国共产党，血气方刚，英勇无畏，人如其名，在长期的革命斗争中百折不挠，鞠躬尽瘁。

这个世界是靠所有人的共同努力来延续和发展的，每一个人都负有自己的责任，也在人类的发展中做出自己的努力。为人类的发展所需要，留下一点东西，是我们的责任。

天生我材必有用

相关链接："蛟龙得云雨，终非池中物也。"——陈寿：《三国志·吴书·周瑜传》

天生我材①必有用。

——李白：《将进酒》

注 ①材：才能。

⋯⋯ 释义 ⋯⋯

坚信自己的天赋之才必将得到施展的地方。

诗仙李白在《将进酒》中，留下了不朽的名句："天生我材必有用，千金散尽还复来"。其中的"天生我材必有用"，成为人们自我肯定和鼓励他人的名言。

李白在这句话中用乐观好强的口吻肯定人生，肯定自我。"天生我材必有用"是一个令人击节赞叹的自我激励句子。"有用"而"必"，这是何其的自信！就像是人的价值宣言，从使人消极的境遇中露出了深藏于内的怀才不遇而又渴望在世间施展抱负的积极的本质内容。

李白少年即勤奋读书，"五岁诵六甲，十岁观百家。轩辕以来，颇得闻也"。青年时师从有经世致用思想的隐士赵蕤，隐居深山刻苦攻读两年，这段经历对李白思想影响很大，后来他经常以管仲、诸葛亮自许，畅谈王霸之道，纵横之术。在《大鹏赋》一文中，以大鹏自比，以"激三千以崛起，向九万而迅征"的大鹏形象，表现自己不同凡俗的性格和远大的人生抱负，嘲笑现实社会中的权贵和墨守成规者，蔑视封建权贵和封建秩序，追求个性自由。这种性格的内核是积极入世的儒家思想，在儒家思想的影响下，青年时期的李白意气风发，豪情满怀，心怀"济苍生""安社稷"的远大人生目标。而赵蕤思想中顺应自然、鄙视虚伪世俗的道家意识，也在李白的心中播下了种子，孕育了他自信狂放、俊逸洒脱的性格。儒、道思想构成了他矛盾的内心世界，影响着他的一生。他放不下儒家"济天下"的心愿，想当政治家，他曾两次进入京师，与达官贵人相伴，但是不久就因为他傲岸的个性触犯权贵，遭到谗毁排挤。

"天生我材必有用，千金散尽还复来"，看似乐观自信，其实是看透了现世功业毫无希望，却又不甘屈服的自我激励之语。愁苦之情，却通

过豪言壮语显现出来，表达了李白对于人生逆境的永不屈服。而他自己，也通过写作大量的诗篇名垂青史。

李白吟出的诗句，表达了对自己出众的才华得不到施展的失落，而这句诗在随后的年代里直至现在，成为鼓励每个人对自己要充满信心的立志之语。

每个人都有自己的长处，就看自己能否发现。这句话可以告诉那些遭遇失败的人要对自己有信心，要相信自己总会有施展才华的地方。人若想成才，首先要对自己有信心，要相信"天生我材必有用"。其次就是要付出努力，朝着成功去努力。只要我们对自己有信心，而且肯努力去做，就总会有成功的一天。每个人在这个社会里都有他的价值所在，成功与否决定于我们是否曾经为之而努力，只要我们努力了，成功总有一天是属于我们的。三百六十行，行行出状元，只要努力奋斗，就一定会实现自身的价值。

正所谓条条大道通罗马，成功之路有千万条。积极向上，为成功之路铺好基石。相信自己，设计自我，给予自我动力；创造自我，让新鲜的自我形象展现在别人面前。成功的要诀在于从无数的失败中吸取教训，自信自强，相信自己、永不言败。要有自信、有耐心、有恒心，才能超越自我，改善自我，发挥自我的优点，彩色人生需要努力用色彩去调配，加倍的努力会使你的人生图景变得更加绚烂夺目。

175

髫发厉志，白首不衰

髫发①厉志，白首不衰。

——范晔：《后汉书·伏湛传》

> 注 ①髫发：小儿垂发。引申为幼年。

 释义

在幼年时立下的志向，到了满头白发的时候也没有衰退。

"髫发厉志，白首不衰"是《后汉书·伏湛传》中赞扬伏湛的一句话。伏湛是东汉时期的一位名人，东汉光武帝即位后，拜为大司徒，后被封侯。我国古时，儿童在未行冠礼之前，头发是任其自然下垂的，这在古代就叫做"髫"或"垂髫"。因此诗文中常以"髫发""垂髫"为孩童代称。

"髫发厉志，白首不衰"讲的就是在幼小的时候立下的志向，一直都在坚持，直到自己年纪很老的时候，仍旧在为自己的志向而努力奋斗。我们国家十大元帅之一聂荣臻同志就是如此持志的典范。

聂荣臻7岁入私塾接受启蒙，1917年夏天，他以优异的成绩考入江津县立中学。当时，这所学校的师资力量和教学设备堪称四川一流，聂

名家美文话格言

相关链接：策马前途须努力，莫学龙钟虚叹息。——李涉：《岳阳别张祐》

荣臻十分珍惜这样的学习机会，他在自己课桌的右下角庄重地刻下了"三更灯火五更鸡，正是男儿读书时"的名句作为座右铭。

五四运动时期，聂荣臻因参加家乡学生爱国斗争，遭到反动军警当局的抓捕。为避开眼前的危险，心怀"实业救国"大志的聂荣臻于1919年赴法勤工俭学，并积极投身旅法学生运动。1922年8月，聂荣臻参加旅欧中国少年共产党，1923年春转入中国共产党。聂荣臻由"实业救国论"者转变为以天下为己任的社会革命论者。

聂荣臻从苏联回国后，就开始投入到波澜壮阔的中国革命中去。1935年1月，聂荣臻在遵义会议上坚决支持毛泽东的正确意见，并与刘伯承一起建议红军北渡长江向四川发展。此后，聂荣臻在红军长征、抗日战争、解放战争中屡立功勋。

1955年，聂荣臻被授予中华人民共和国元帅军衔。这以后，佩戴元帅军衔的聂荣臻壮心不已，日日夜夜操劳在祖国的科学技术战线上。1956年，聂荣臻被任命为国务院副总理，主管科学技术工作。他以战略家的雄才大略，对工业、农业、国防和其他科学技术领域，进行了全面的规划和安排，使我国科学技术的发展有了正确的方向。在组织实施许多重大科技项目过程中，聂荣臻多次深入现场进行调查研究和指导工作。"两弹一星"的研制成功，凝聚了聂荣臻的大量心血，标志着我国国防科技事业取得了突破性成就。

在"文化大革命"中，年近70岁高龄的聂荣臻"鬓发厉志，白首不衰"，在十分困难的情况下坚定不移地同"四人帮"进行斗争。他眷恋祖国的科技事业和人民军队建设，心系党，心系国家大事，并和其他老一辈革命家一道，为彻底粉碎"四人帮"作出了巨大贡献。

1977年8月，聂荣臻复任中央军委副主席，重新投身到军队单命化、现代化建设之中。在新的历史时期，聂荣臻同志仍以巨大的热情关怀着科技工作和知识分子。他一有机会就大声疾呼，要造就全社会尊重知识、尊重科学、尊重知识分子的新风尚，以达到科技兴国的目的。

1992年5月14日，聂荣臻元帅逝世。逝世前，他说："我已经93岁了，入党70年，从没脱离过党的岗位，为党奋斗终生。我坚信党的改革开放政策十分正确，坚信走有中国特色的社会主义道路十分正确。我很想多看看几十年为之奋斗的社会主义事业兴旺发达的喜人形势，也很想多听听

相关链接：父子共读忘朝饥，此生有尽志不移。——陆游：《诵书示子聿》

祖国科技事业振奋人心的好消息；我作为一名老共产党员，衷心地希望全党同志在党中央领导下，同心协力地为建设繁荣富强的社会主义而奋斗；衷心地希望全军同志在中央军委领导下进一步巩固国防、保卫和平；我更希望全国科技工作者牢记科技兴国的重任，努力攀登世界高科技的崇山峻岭，为国争光。"

一位93岁的老人，仍然心系祖国发展，我们要以聂帅为榜样，从小立下远大志向，并要为之奋斗终生。

名家美文话格言

相关链接：有志始知蓬莱近，无为总觉咫尺远。——民谚

相关链接：鞠躬尽力，死而后已。——诸葛亮：《后出师表》

一息尚存，此志不容稍懈

一息①尚存，此志不容稍懈。

——程允升 邹圣脉：《幼学故事琼林》

> **注** ①息：气息，指生命。

●●● 释义 ●●●

只要有一口气在，坚持的志向就不会有任何的松懈。

《幼学故事琼林》由明代程允升编，原名《幼学须知》，又名《故事寻源》，简称《幼学》。清人邹圣脉增补注释后，就以《幼学故事琼林》通行。全书共四卷，内容包罗万象。常见的成语典故，书中几乎都可以查到。民国以后书的内容被一增再增，但质量均逊于程、邹。《幼学故事琼林》在中国古代的启蒙教育史上有重要的地位。一代文豪鲁迅先生幼时，便是读《幼学故事琼林》启蒙的，他的著名散文《从百草园到三味书屋》中，就有回忆在三味书屋里背诵《幼学故事琼林》等章句的情景。"一息尚存，此志不容稍懈"出自《幼学故事琼林·卷二·身体》。

有的人为了自己的志向献出了生命，而有的人为了自己的志向一直坚持奋斗到生命的最后一刻，这些人都是持志的典范。我们国家伟大的领导人周恩来同志从年轻时起就确立了"为中华之崛起而读书"的志向，并为中华的崛起战斗到了生命的最后一刻。

周恩来少时在沈阳东关模范学校读书，当时的校长姓魏。在一个新学期开始的时候，魏校长在课堂上给大家提出了一个严肃的问题：读书是为了什么？同学们的回答五花八门，坐在后排的周恩来庄重地回答"为了中华之崛起"。

在年少时期，周恩来努力学习，加入共产党后他全身心投入到革命斗争中去，参与领导了中国共产党各个时期的革命工作，作出了巨大的贡献。

1949 年中华人民共和国建立后，周恩来一直任政府总理，曾兼任外交部长，担负着处理党和国家日常工作的繁重任务。中国发展国民经济的头几个五年计划，都是他主持制定和组织实施的，他主张经济建设必须积极稳妥，综合平衡。他对社会主义时期的统一战线工作、知识分子工作和科学文化工作给予特殊的关注，指导这些工作取得了重大成绩。他参与制定和亲自执行重大的外交决策，取得了举世瞩目的成就。

1972 年 5 月，周恩来在检查身体时发现尿中有癌细胞，随后被确诊为膀胱癌，此时的他不仅继续担负着常人难以承受的繁重工作，而且承受着来自党内外巨大的政治压力，同林彪、江青反革命集团在批判极"左"思潮、"组阁"、"反对经验主义"等重大问题上进行了顽强的斗争。他在毛泽东的支持下，推举邓小平重新走上党和国家的领导岗位，为中国今后的前途和命运作出了重大贡献。

周恩来自 1974 年 6 月 1 日住院到 1976 年 1 月 8 日逝世，共做大小手术 13 次，平均 40 天左右要动一次手术。只要身体尚能支持，他仍继续坚持工作。这一时期，他除了批阅、处理一些文件外，同中央负责人谈话 161 次，与中央部门及有关方面负责人谈话 55 次，会见外宾 63 批，在会见外宾前后与陪见人谈话 17 次，在医院召开会议 20 次，出医院开会 20 次，外出看望人或找人谈话 7 次。

周恩来住院期间，依然自己动手起草或批阅文件。他历来反对那种只动脑不动手，甚至既不动脑也不动手的领导作风。每天送给他的文件都由秘书或邓颖超带到医院。看文件时间长了，他感觉很疲劳时，才让秘书或邓颖超念给他听。从 1975 年 6 月以后，周恩来由于癌症的折磨，身体极度消瘦。他已经估计到自己的生命"还有半年"的时间，但他依然继续顽强地工作着，用最后一息同病魔、同邪恶势力进行着搏斗。

周恩来于 1976 年 1 月 8 日上午 9 时 57 分逝世，他真正实践了自己的志向，鞠躬尽瘁，死而后已。

相关链接：志之所向，金石为开，谁能御之？——民谚

志之难也，不在胜人在自胜

志之难也，不在胜①人，在自胜。

——《韩非子·喻老》

名家美文话格言

相关链接：志小则易足，易足则无由进。——《张载集·经学理窟·学大原下》

注 ①胜：战胜。

●●● 释义 ●●●

达到志向的艰难，不在战胜别人，而在战胜自己。

　　"志之难也，不在胜人，在自胜"这句话出自《韩非子·喻老》，是战国末期韩国法家集大成者韩非子的著作。《韩非子》一书，重点宣扬了韩非子法、术、势相结合的法治理论，这一理论，达到了先秦法家理论的最高峰，为秦统一六国提供了理论武器，同时，也为以后的封建专制制度提供了理论根据。

　　在《喻老》篇中，韩非子首先讲了一个故事。子夏去拜见曾子（两人都是孔子的弟子），曾子问子夏："怎么胖了？"回答说："打了胜仗，所以胖了啊！"曾子说："指的什么事啊？"子夏说："我回家看见先王

（泛指贤帝尧舜等）的仁义道德就觉得遵守它能获得快乐，出门看见富贵的好处又觉得能够富贵才会快乐，两个念头在脑子里斗争，不分胜负，所以就瘦了。现在是先王的仁义道德胜了，所以胖了。"于是韩非子写道，"是以志之难也不在胜人，在自胜也，故曰'自胜之谓强'"。古代的贤人以义为荣，所以战胜自己而志于义，韩非子认为是志强的表现，是值得称道的。我们所处的时代，立志有为当然已经不仅仅局限于古代人推崇的"义"，但是，超越自己并达到自己的目标，仍旧是一件不容易做到的事情。

我们著名的水稻育种科学家袁隆平，就在不断超越自己，在达到一个个目标后，他还不断前进，继续战胜自己，向新的目标进发。

水稻作为全球主要农作物，在世界上 120 个国家和地区广泛栽培种植，目前全世界有一半以上的人口以稻米为主食。20 世纪 60 年代，袁隆平看到人民饱受饥饿的威胁，决心努力发挥自己的才智，用学过的专业知识，尽快培育出亩产过 300 千克、400 千克的水稻新品种，让粮食大幅度增产，用农业科学技术战胜饥饿。经过 10 年常人难以想象的艰辛，袁隆平终于培育出了杂交水稻。1976 年杂交水稻单产为 280 千克，1977 年达到 358.9 千克，1983 年突破 400 千克，1988 年达到 440 千克。10 年来全国累计种植杂交稻面积 12.56 亿亩，累计增产稻谷 1 000 亿千克以上，增加总产值 280 亿元，取得了巨大的经济效益和社会效益。

20 世纪 80 年代中期，面对世界性的饥荒，袁隆平心中再一次萌发了一个惊人的设想，大胆提出了杂交水稻超高产育种的课题，试图解决更大范围内的饥饿问题。1995 年 8 月，袁隆平郑重宣布：我国历经 9 年的两系法杂交水稻研究已取得突破性进展，可以在生产上大面积推广。正如袁隆平在育种战略上所设想的，两系法杂交水稻确实表现出更好的增产效果，普遍比同期的三系杂交稻每公顷增产 750 ~ 1 500 千克，且米质有了较大的提高。

1998 年 8 月，袁隆平又向新的制高点发起冲击。他向朱镕基总理提出选育超级杂交水稻的研究课题。朱总理闻讯后非常高兴，当即划拨 1 000 万元予以支持。袁隆平为此深受鼓舞。在海南三亚农场基地，袁隆平率领着一支由全国十多个省、区成员单位参加的协作攻关大军，日夜奋战，攻克了超级杂交水稻难关。经过近一年的艰苦努力，超级杂交稻小面积试种获得成功。

然而直至目前，全球水稻平均亩产依然停留在 200 千克左右。21 世纪

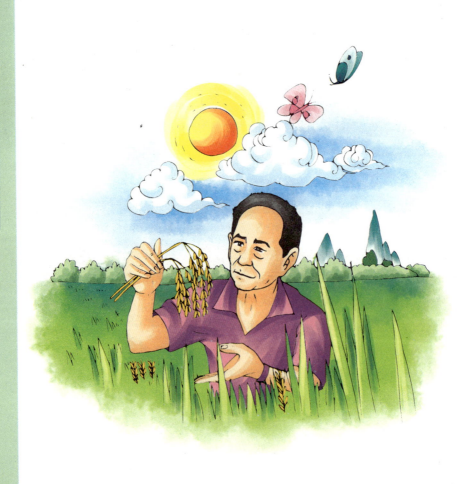

的地球上，依然有 8 亿人处于粮食短缺状态，每天有 24 000 人死于饥饿。2005 年 7 月，袁隆平提出"杂交水稻外交"的建议，就是积极在发展中国家推广杂交水稻，帮助解决他们的吃饭问题，扩大中国的影响，以此促进双边关系的发展。袁隆平院士的这一建议，得到了党和国家领导人及有关部门的高度重视。

袁隆平的感人事迹启示我们，一个有作为的人就是要生命不息，超越不停，不断超越自我，不断寻找新的目标，不断奋斗。树立一个志向也许是容易的，但是在完成之后再向新的目标发起冲击，永不止歇，这才应该是我们追求的境界。

名家美文话格言

相关链接：心志要坚，意趣要乐。——民谚

相关链接：志不可慢，时不可失。——程颢：《论王霸剳子》

纵横计不就，慷慨志犹存

纵横①**计不就**②**，慷慨**③**志犹存。**

——魏徵：《述怀》

> **注** ①纵横：指合纵连横。战国时苏秦、张仪在列国间游说，苏秦主张齐楚等六国联合抗秦，即"合纵"；张仪则主张诸国听命于秦，即"连横"。
> ②就：成功。
> ③慷慨：意气激昂的样子。

●●●● 释义 ●●●●

尽管合纵连横的计谋都没成功，但是雄心壮志仍旧存在。

魏徵是唐代政治家、文学家，唐太宗的大臣。任职期间，他敢于犯颜直谏，是有名的忠臣。他的这首《述怀》诗作于唐高祖李渊称帝初期。魏徵初投唐不久，李渊以礼相待，对他非常重视。为报答知遇之恩，魏徵主动要求到华山以东地区劝降李密所领导的瓦岗军旧部，临行之际，作此诗以抒怀。

立下志向并努力奋斗争取成功，是我们的目标，但是奋斗的结果总有成功与不成功，如果用比例来看，失败的几率肯定是要大于成功，但是失败了我们也不能气馁，壮烈地失败了，仍旧可以看作是英雄，在哪里跌倒就在哪里爬起来，为了成功再一次努力去拼搏。在古代历史上，也有很多人失败了，但是他们的豪情壮志却为后人所铭记，激励着一代又一代人为自己的理想而献身。

我国古代有许多刺客的故事，其中最有名的要数荆轲了，他就是一个有名的失败者。

公元前 230 年，秦国大军逼近燕国。燕国太子丹非常着急，对受他邀请而来刺杀秦王，礼遇有加的荆轲说："秦国军队早晚之间就要横渡易水，那时即使我想要长久地侍奉您，也办不到了！"荆轲说："太子就是不说，我也要请求行动了。现在到秦国去，没有让秦王相信我的东西，秦王就不可以接近。那樊将军，秦王悬赏黄金千斤，封邑万户来要他的脑袋。如果得到樊将军的脑袋和燕国督亢的地图，献给秦王，秦王一定会接见我，这样我才能够有机会报效您。"太子说："樊将军到了穷途末路才来投奔我，我不忍心伤害他，希望您考虑别的办法吧！"

荆轲知道太子丹心里不忍，就私下去找樊於期，他对樊於期说："我决定去行刺，怕的是见不到秦王的面。现在秦王正在悬赏通缉你，如果我能够带着你的头颅去献给他，他准能接见我。"樊於期说："好，你就拿去吧！"说着，就拔出宝剑，自刎而死。

太子丹事前准备了一把锋利的匕首，叫工匠用毒药浸炼过。只要被这把匕首刺出一滴血，就会立刻气绝身死。他把这把匕首送给荆轲，作为行刺的武器，又派了个13岁就杀过人的勇士秦舞阳，做荆轲的副手。

公元前227年，荆轲从燕国出发到咸阳去。太子丹和少数宾客穿上白衣白帽，到易水边送别。临行的时候，荆轲给大家唱了一首歌："风萧萧兮易水寒，壮士一去兮不复还。"

荆轲到了咸阳。秦王一听燕国派使者把樊於期的头颅和督亢的地图都送来了，十分高兴，就命令在咸阳宫接见荆轲。

朝见的仪式开始了。荆轲捧着樊於期的首级，秦舞阳捧着地图匣子，按照正、副使的次序前进，走到殿前台阶下秦舞阳害怕得发抖，大臣们都感到奇怪。荆轲回头朝秦舞阳笑笑，上前谢罪说："北方藩属蛮夷之地的

粗野人，没有见过天子，所以心惊胆战。希望大王稍微宽容他，让他能够在大王面前完成使命。"秦王对荆轲说："递上舞阳拿的地图。"荆轲取过地图献上，秦王展开地图，图卷展到尽头，匕首露出来。荆轲趁机左手抓住秦王的衣袖，右手拿匕首直刺。但是经过一番搏斗，荆轲没能杀死秦王，最后他举起匕首直接投刺秦王，没有击中，却击中了铜柱。秦王接连攻击荆轲，荆轲被刺伤八处。荆轲自知大事不能成功，就倚在柱子上大笑，他说道："大事之所以没能成功，是因为我想活捉你，迫使你订立归还诸侯们土地的契约回报太子。"这时侍卫们冲上前来杀死了荆轲。

荆轲虽然死了，但是他反抗强权，慷慨赴死的精神为后人铭记。我们向目标前进，也要有不屈不挠的精神，而失败了也不要气馁，至少，我们没有像荆轲一样失去了生命，因此还有再来一次的机会。